Señor, Hazme Íntegro

SANIDAD POR DENTRO Y POR FUERA

INCLUYE ESCRITURAS Y ORACIONES PARA SANIDAD ÍNDICE

JOAN E. MURRAY

Joan Murray Ministries & Seeds Of Hope Worldwide Missions

(Ministerios Joan Murray y Misiones Mundiales Semillas de Esperanza)

26340 FM 1736

Waller, TX 77848

281-398-2501

Contenidos

Índice

———

Reconocimiento

Le doy gracias al Señor Jesucristo por Su inspiración, por mostrarme el camino y por guiarme para escribir este libro. Su inspiración al escribir siempre me deja maravillada.

Le doy gracias a mi Mesa Directiva y al equipo de Joan Murray Ministries por su apoyo, aliento y oración cada vez que emprendo otra asignación para escribir las palabras que el Señor me da.

Mi más sincero agradecimiento al Apóstol Stephen y Pastora Christina Mathieu, Pastor Edwardo y Primera Dama Hinojosa, Pastores Lovejoy y Charity Tirivepi, Pastores Daniel y Griselda Martínez y Michelle Flippin por su tiempo y compromiso de leer y respaldar este libro.

Para Leti Nava: Tú me ayudaste a realizar el sueño de traducir este libro al Castellano. Tu esfuerzo y dedicación para alcanzar nuestro objetivo de ver este libro en Español hará una diferencia enorme en las vidas de quienes leen y aplican las lecciones que están integradas en cada página. Mi sincero agradecimiento y gratitud.

Julia Rigos y Michelle Flippin, ustedes me han ayudado hacer de ésto algo que puede efectuar una diferencia en las vidas de los que leen y aplican las lecciones que están integradas en cada página.

A mi familia y amigos, gracias por su apoyo y aliento que me dieron durante la escritura de este libro.

Gracias a los seguidores de Joan Murray Ministries y Seeds of Hope Worldwide Missions por su apoyo, oraciones y ayuda al llevar el evangelio alrededor del mundo.

Elogios Para Señor, Hazme Íntegro

Joan Murray revela la sorprendente profundidad de la naturaleza curativa de Dios en *Señor, Hazme Íntegro*. Comparte relatos Bíblicos y personales de milagros sanadores que activarán tu fe en Dios como un Sanador cariñoso, compasivo y misericordioso. Junto con historias inolvidables, Joan ofrece principios valiosos y oraciones que te ayudarán a vencer dudas e incredulidad y podrás confiar en Dios para curarte en la forma y en el momento perfecto elegidos por Él. También te darás cuenta y aprenderás a usar la autoridad y el poder de Dios que te ha dado para ayudar a otros a experimentar libertad de esclavitud emocional, dolor físico y enfermedad. *Señor, Hazme Íntegro* te moverá a buscar, apropiarte de, y dar a conocer la virtud sanadora de Dios.

Michelle Flippin
Autor y Orador
Houston, Texas

El contenido de este libro, *Señor, Hazme Íntegro*, es potente y está saturado con la Palabra de Dios. Joan entrega una explicación enriquecida de escrituras Bíblicas y comunica claramente la revelación que ha recibido. Proporciona una introducción personal al corazón de Jesús, el Sanador.

Joan Murray ofrece perspectivas nuevas sobre temas que son relevantes a la vida de cada lector. Al leer este libro, el Espíritu Santo revelará la transformación que debe tomar lugar en tu propia vida para que puedas experimentar la plenitud en Cristo Jesús. Examinarás el corazón, mente y espíritu que se requieren para ser un siervo genuino y humilde, y te dará un nuevo sentido a lo que se necesita para ser un recipiente de Dios.

Ser un testigo presencial a la naturaleza milagrosa de las señales y los prodigios de Dios, que comparte Joan, te llevará a una esfera nueva de fe. Te llenará de conocimientos nuevos y convicción a levantarte y caminar en la autoridad que se te ha dado como hijo o hija del Todopoderoso, Soberano Dios.

Pastores Daniel y Griselda Martínez
Templo Monte De Sion Internacional
San Juan, Texas

Joan Murray tiene un corazón que desea ver a la gente sanar por dentro y por fuera. Hemos experimentado personalmente su dedicación y compromiso al Ministerio. Joan ha sido nuestra Pastora de enseñanza durante el último año y hemos visto una gran sanidad espiritual y crecimiento en nuestra iglesia. Creemos que este libro te dará las pautas para hacerte íntegro y será de beneficio para tu vida.

Edwardo J. Hinojosa
Primer Pastor, Word In Season Intl
Harlingen, Texas

Dios ha comenzado a restaurar el Ministerio de Sanidad. Vivimos en un tiempo en el que parece ser que el fin del mundo cada vez es más pronunciado. En África, por todas partes, ves devastación, necesidades y enfermedades. En este libro, nuestra querida hermana y amiga nos trae el mensaje de curación y restaura nuestra esperanza de que nosotros podemos ser hechos íntegros por medio de nuestra curación en Cristo Jesús.

Todos deseamos ser sanos; ser hechos íntegros. Hemos visto cantidad de personas quienes están enfermos y necesitan curación, y hemos orado que Dios manifieste la sanidad en sus vidas. En este gran libro, *Señor, Hazme Íntegro*, Joan Murray comparte verdades prácticas y profundas de lo que es la sanidad y cómo puedes ser hecho íntegro. Su conocimiento de las escrituras y su intimidad con Dios es visto en todo el libro. Tuvimos la alegría y el privilegio de ser anfitriones de Joan Murray Ministries en Zimbabue, África. Ella es una maestra talentosa y ungida. Hemos sido bendecidos por su Ministerio y su libro que demuestran el enfoque holístico de curación. Su libro traerá bendición también a ti.

Joan Murray es una experta en estudios y su trabajo de misiones y dedicación en sanar corazones quebrantados es una inspiración para todos nosotros. Nuestro deseo es que a lo largo de este libro inspirador encontrarás que los milagros son posibles cuando permites que el Señor ministre a través de ti. Al leer y hacer tuyo este libro, la sanidad sobrenatural es posible. Puedes experimentar curación y totalidad al leer y aplicar los conocimientos contenidos en este libro. Oramos para que tu vida sea transformada al tomar un salto espectacular en tu integridad. Recomendamos, con todo nuestro corazón, a cada Cristiano deseoso de caminar en sanidad y libertad, el libro *Señor, Hazme Íntegro*. Prepárate para tener una lectura fascinante.

Pastores Lovejoy & Charity Tirivepi
Lead International Ministry; Zimbabue, África

 Prólogo

Al leer el primer capítulo de este libro, el Espíritu Santo me mostró que la Pastora Joan E. Murray tuvo un divino encuentro con la Trinidad de Dios. No leí el resultado de una comprensión teológica sensorial, sino leí las palabras de alguien que ha estado en la presencia de Dios y su único deseo es: llevar al pueblo de Dios al lugar en donde ella ha estado con Él.

La autora de este libro es un recipiente que está totalmente entregada al oír desde el cielo a través del poder del Espíritu Santo. Desde el principio al fin del libro habló a menudo de la audiencia del Espíritu Santo y la obediencia a Sus instrucciones. En el primer capítulo ilustra lo que le sucedió a un joven enfermo y los acontecimientos posteriores que tuvieron lugar en su vida debido a la presencia y el poder del Espíritu Santo.

Me gustaría invitar a todos los lectores de este libro que se preparen para tomar un viaje de encuentro divino, conducido por la Pastora Joan E. Murray a través de las palabras de este libro. Te garantizo que antes de terminar la lectura de este libro, Señor,

Hazme Íntegro: Sanidad Por Dentro y Por Fuera, experimentarás alguna transformación. Tendrás un conocimiento mejor de quién eres como una creatura de Dios; cambiará tu vida de oración; aumentará tu deseo por la Palabra de Dios; y tu relación con el Espíritu Santo será evidente.

La siguiente declaración en el libro fue de gran impacto para mí: *Hay un alto nivel de autoridad en que cada creyente puede y debe de operar. En este nivel de autoridad, podemos ser como Jesús en el sentido que cuando hablamos, el cielo nos apoya y todo en la tierra se alinea con nuestras peticiones.* Esta afirmación me recordó dos escrituras de la Biblia: "Porque de Él, y por Él, y para Él, son todas las cosas. A Él sea la gloria por los siglos. Amén." (Romanos 11:36) y "Él me glorificará; porque tomará de lo mío, y os lo hará saber. Todo lo que tiene el Padre es mío; por eso dije que tomará de lo mío, y os lo hará saber." Juan 16:14-15.

Señor, Hazme Íntegro; presenta la vida practica de un Cristiano, debido a las experiencias de la vida real e ilustraciones Bíblicas dadas en su contenido. La autora nos dice que todo lo que sabemos en este momento no es todo lo que hay que saber. El Espíritu Santo nos fue dado para que tengamos acceso a todo lo que el Padre y el Hijo tienen para nosotros.

Apóstol Stephen Mathieu
Pastora Cristiana Mathieu
Divine Encounter Glory House Ministry
Saint Lucia, Helen of the West Indies

Introducción

"Señor, hazme íntegro" es un grito dentro del corazón de muchas personas quienes han pasado o están pasado por luchas tremendas. A menudo clamamos a Dios cuando estamos emocionalmente o físicamente heridos y necesitamos que Él entre a lo más profundo de nuestra vida y nos rescate. Muchas personas han experimentado enfermedades devastadoras y corren a Dios para paz y consuelo en medio del dolor. Actualmente no conozco ninguna persona quien no ha vivido algún tipo de lucha, sea emocional, física, de relación, o financiara.

Dentro de las luchas, o corremos a Dios o nos alejamos de Él, porque quizá lo culpamos por permitirnos pasar por estas situaciones difíciles. Razonamos que como Él es todopoderoso, Él podría habernos evitado el daño. Él es todopoderoso, pero el pecado de nuestro ascendiente, Adán, y algunas malas decisiones que hemos hecho, nos han causado estar dentro de muchas de las situaciones dolorosas en donde nos encontramos. Adicionalmente, el enemigo está llevando a cabo un ataque total contra aquellos que aman y sirven a Jesús. Dios, dentro de Su fidelidad, nos ayudará a navegar por el dolor y nos llevará a un lugar de sanidad y libertad, mientras lo buscamos.

La vida está llena de enfermedad y dolor, y debemos mirar hacia el gran Médico, Jesús, para nuestra sanidad. En Marcos 16:15-18, Jesús comisiona a los creyentes que vayan y prediquen el evangelio al mundo entero. Lo primero que nos dijo fue que debemos echar fuera los espíritus malignos. Esto es significante porque hasta que tratemos con la raíz de nuestros problemas, sean emocionales o físicos, no podemos retener nuestra sanidad y libertad. Tenemos que tratar también con nuestras heridas emocionales. Hay que cavar profundo para desarraigar las cuestiones que nos han dejado cicatrices y heridas. Debemos desenterrar cada raíz, pieza por pieza, y no sólo tratar con los síntomas del problema. Si no tratamos con estas cuestiones desde sus raíces, los problemas seguirán en nuestras vidas.

Nuestra sanidad viene cuando vamos a la única fuente, Jesús, para ser hechos íntegros. Dios se conmueve con amor y compasión al vernos quebrantados. Jamás nos deja destrozados como nos encontró. Hay que humillarnos para recibir la ayuda que envía Jesús, de la manera en que Él la envía.

Porque los caminos de Dios son más altos que los nuestros, debemos de estar dispuestos para recibir ayuda de parte de quien Él escoja para realizar nuestro milagro. A veces tenemos una idea preconcebida de cómo Dios va a sanar y librarnos. Por lo tanto, podemos no ser tan receptivos si la respuesta aparece en una forma en la cual no estamos familiarizados. Naamán, el leproso, por poco pierde su sanidad porque tenía una expectativa equivocada. Su orgullo y falta de humildad causaron que sus expectativas fueran muy altaneras. Cuando Dios le dio instrucciones a Eliseo que le dijera a Naamán que se bañara siete veces en el Río Jordán para ser sano, se enojó y se retiró enfadado. La respuesta no era la que él esperaba, y si sus criados no hubieran intervenido y cuestionado su manera de pensar, hubiera saboteado su propio éxito.

En 3 Juan 1:2, el Padre se dirige a nosotros y nos dice cuanto nos ama. Él dice, "Amado, deseo que seas prosperado en todo, y que tengas salud, a la vez que tu alma prospera." Su deseo para ti es prosperidad en lo físico, en lo emocional, en las relaciones, en las finanzas y que experimentes la salud y la integridad en todos los ámbitos de tu vida. Al leer esta escritura y muchas más dentro de La Palabra de Dios, encontrarás la profundidad del amor y compasión que tiene Dios hacia sus hijos y la humanidad que sufre. La palabra "amado" significa muy querido, entrañablemente amado, adorado, preferido y mi amor consentido. El Padre se dedica a ti, y Su Hijo demostró Su devoción por medio de la cruz. Él se dedica a tu sanidad.

La palabra "deseo" significa Él quiere, desea, añora, anhela, espera y ardientemente desea que florezcas y prosperes en todo lo que hagas. Tu Padre, Su Hijo y el Espíritu Santo están de acuerdo en que tengas una vida rica y plena. Cuando estás bien en todas las áreas de tu vida, podrás disfrutar de los beneficios de ser un hijo o una hija de Dios. Te invito a extender tus manos y tomar en ellas toda la sanidad y libertad que Dios desea darte.

El libro "Señor, Hazme Integró", está diseñado para que recuerdes las numerosas sanidades que Jesús llevó a cabo en la tierra y que recuerdes que Él es el mismo ayer, hoy, y siempre. Dios ve las luchas emocionales y físicas que estas enfrentando, y Él tiene la respuesta. Al considerar el sacrifico de Su Hijo, recuerda que Él recibió treinta y nueve azotes para que tú fueras sano. Cada vez que una enfermedad quiera atacar tu cuerpo, recuérdale que Jesús la clavó en la cruz del Calvario y no tiene ninguna autoridad o poder sobre ti.

Jesús pagó un precio tremendo para que tuviéramos victoria

sobre cualquier cosa que trata de adherirse a nosotros. Párate sobre la autoridad que se te ha dado y camina hoy dentro de tu sanidad y tu libertad en el nombre de Jesús!

Joan E. Murray

Sano A Pesar De La Duda

⚬⚬⚬

Hace unos años, Dios sanó a u niño durante un viaje de misiones que conduje a Centroamérica. Después de entregar el mensaje, invité aquellos que estaban enfermos y estaban luchando en contra de cuestiones de la vida que pasaran al altar para recibir oración. Se acercó un padre cargando a su hijo aproximadamente de la edad de diez años. El padre del niño compartió que su hijo no había asistido a la escuela toda una semana por culpa de la enfermedad, pero no habían encontrado que era lo que le ocurría. El jovencito estaba tan débil que no podía estar en pie por sí mismo y apoyaba su pesadez sobre su papá.

Al momento de acercarme para orar, la presencia del Espíritu Santo estaba tan fuerte que el pequeño cayó bajo Su poder. El día siguiente mientras estábamos en el pueblo, comprando ropa y comida para un orfanato, escuché alguien llamándome. Estábamos en la plaza del mercado en la calle principal en medio de mucho movimiento, rodeado de todo tipo de vendedores, cuando nos dimos cuenta que uno de los vendedores nos estaba llamando.

Nos acercamos al señor y nos preguntó si lo recordábamos. Le dije que no, así que él me recordó que había estado presente en el servicio del domingo en la noche y que yo había orado por su hijo y el Espíritu Santo lo había sanado. Con mucho gozo y agradecimiento, nos relató que por toda una semana había estado enfermo su hijo y nada de lo que habían hecho pudo ayudar, aun una visita al médico. Por primera vez después de una semana, su hijo pudo regresar a la escuela. Mientras nos relataba la historia, su hijo, quien apenas regresaba de la escuela, me vislumbró. El jovencito corrió hacia mí y arrojó sus brazos alrededor de mí diciendo "Gracias Señorita. Gracias."

Cuando vi el gozo en su rostro, estaba tan agradecida que el Espíritu Santo me eligió como un vaso a través del cual sanó al niño. Para cuando se terminó la conversación, una fila de gente se había formado en la calle principal. Pidieron oración de parte mía y de parte de mi equipo. Los vendedores que no podían dejar sus puestos nos pidieron llegar hacia ellos para orar y así lo hicimos. Dios, por medio del poder del Espíritu Santo, sanó a un joven y abrió camino para que ministráramos, oráramos, y lleváramos a varias personas a Su hijo Jesucristo. Aunque estas historias abundan, muchos de nosotros todavía luchamos para creer que Dios desea sanarnos. La Biblia dice que Jesús es el mismo ayer, hoy y para siempre (Hebreos 13:18). Esto significa que Él no cambia; lo que hizo en siglos pasados, Él continua haciéndolo hoy. El sigue sanando al enfermo y dañado. Él sigue librando a la gente de las trampas del enemigo. Él está deseoso y disponible para sanar y liberar, aun a ti el día de hoy.

Jesús quiere que nuestra experiencia en cada área de nuestra vida sea íntegra, en nuestras emociones, en nuestras almas, y en nuestros cuerpos. Él recibió treinta y nueve azotes sobre Su cuerpo para que fuésemos curados (Isaías 53:4-5). Él quiere que recibas sanidad en cada área de tu vida también. Vamos a explorar no tan solo la curación física que El da, también vamos a explorar la curación emocional y espiritual que muchos de nosotros necesitamos. Dios quiere que sepas que te ama y comprende tus debilidades y enfermedades, y de seguro Él hará algo referente a ellas.

A la edad de los veinte años, se me presentó Jesús, El Sanador. Había recibido mi salvación unos años atrás y estaba aprendiendo sobre los beneficios de tener una relación íntima con Dios, incluso el beneficio de la sanidad. Empecé a orar por aquellos que tenían luchas en la vida, especialmente con enfermedades en sus cuerpos. Esto era importante para mí porque había sufrido con una úlcera desde los diez y seis años. Había orado la palabra de Dios sobre mi cuerpo creyendo en mi sanidad por dos años, por tanto estaba dispuesta a orar por otros.

Un día se me acercó una mujer pidiendo oración. Me dijo que tenía una úlcera sangrienta y estaba programada para una cirugía dentro de dos semanas. Se sorprenden que Dios trajera esta mujer hacia mí teniendo la misma condición que yo había tenido? No estén sorprendidos. Dios nunca deshecha nada en nuestras vidas. Él utiliza lo que el enemigo significa para nuestro mal y lo convierte para nuestro bien, en veces son nuestros mejores momentos. Esta mujer y yo oramos juntas creyendo que Dios nos iba escuchar y contestar nuestra oración, y así fue. Dos semanas después de nuestra oración y antes de la cirugía, le pidió al médico que hiciera otro ultrasonido porque no tenía dolor y se sentía mucho mejor. Ante el asombro, tanto de la señora como de su doctor, la úlcera empezaba a secarse. Puesto que su herida estaba sanando no necesitó la cirugía.

Cuando compartió este reporte de alabanza conmigo, no solo me asombró sino que me provocó desconcierto. Estaba confundida porque yo, desde hace dos años estaba orando por sanidad de la úlcera en mi cuerpo y todavía existía, y Dios en dos semanas había sanado a esta mujer. Aun estando eufórica por la sanidad de la mujer y muy gozosa sabiendo que había funcionado mi oración, también estaba decepcionada que mi sanidad aun no se había manifestado. Pueden imaginarse la conversación que tuve con

Dios sobre esto. Naturalmente quería saber el porqué El había sanado tan fácilmente a esta mujer mientras yo sufría por años y tomaba todo tipo de medicamento para disminuir mi malestar.

En tu camino de la fe, no necesariamente recibes la respuesta de tu oración que buscas de parte de Dios en el momento de buscarla. Sus palabras a mi fueron, "Yo te sanaré y tendrás que confiar en Mí" Ciertamente me sanó, diez años después.

Comprendemos mucho sobre Dios, pero no siempre comprendemos su tiempo. En mi situación Dios no me sanó de inmediato pero la mujer por quien pedí instantáneamente fue curada. Cuando hagas oración y Dios no se mueve de tu parte como tú esperas, recuerda que Él conoce todo y siempre está obrando todo para tu bien. Si confías en Él, descubrirás que Sus planes para ti son mayores de los que tú tienes para tu vida. Compartiré más adelante en el libro sobre la temporada de la espera para mi curación y porqué Dios la retrasó.

Nuestro deseo para ser sano y entero también es el deseo del corazón de Dios para con nosotros. En 3 Juan 1:2 El dice, "Amado, yo deseo que tú seas prosperado en todas las cosas, y que tengas salud, así como prospera tu alma." El te nombra Su amado, Su muy querido, y Él desea que tengas prosperidad en todas las aéreas de tu vida. En Éxodo 15:26 Dios dice que Él es Jehová tu Sanador, es Quien nos sana. En hebreo, "Quien nos sana" es una sola palabra que significa "tu médico". Dios, como nuestro médico, nos ha provisto por medio del dolor y sufrimiento de Su Hijo, Jesucristo, en la cruz.

Cuando Jesús estuvo en la tierra, realizó treinta y cinco milagros los cuales fueron registrados. Favor de tomar nota de la palabra registrado, porque la Biblia dice que realizó muchos más que no fueron registrados. Diez y siete de los milagros que Jesús realizó fueron sanidades sobre los cuerpos de las personas. Nueve de Sus milagros involucraron superar las fuerzas de la naturaleza, seis fueron liberación de opresiones demoniacas y tres fueron levantar las personas de la muerte.

En los tres años cortos del Ministerio de Jesús en la tierra, Él nos mostró el corazón de Dios sobre el bienestar de Sus hijos. Dios nos quiere sanos! Él es nuestro Doctor, el Gran Médico. Hebreos 4:15 dice que Jesús no puede compadecerse de nuestras debilidades, sino que fue tentado en todo según nuestra semejanza. Esto significa que Él siente lo que sentimos y sufre junto con nosotros cuando enfrentamos dolor en nuestros cuerpos y angustia en nuestras almas.

El Espíritu Santo aun está sanado a las personas el día de hoy, y Él usa a los creyentes que están dispuestos ser las manos y pies de Jesús. Está absorto con la compasión del Padre y del Hijo por nuestros sufrimientos y anhela que seamos completamente sanos. La palabra sanar significa, curar, reparar, aliviar molestias, recuperar y restaurar. No sólo quiere Dios reparar y curar, también quiere restaurar lo que se perdió en medio de nuestro sufrimiento. Mientras permitas esta verdad instalarse en tu corazón, tendrás la fe para recibir la sanidad que Dios anhela darte.

La sanidad siempre fue parte del plan divino de Dios para la prosperidad. Es difícil disfrutar las bendiciones de Dios cuando uno no está bien físicamente. Hemos sabido de muchas personas pudientes quienes están enfermos y no pueden disfrutar de su riqueza. Estas personas harían cualquier cosa o pagarían cualquier precio por estar bien de nuevo. Recuerden, el Sanador siempre ha estado con nosotros y está listo para sanarnos cada vez que se lo pedimos. Sin embargo, como pasó conmigo, puede ser que la curación no sea instantánea. Pero si guardas la fe, Él te sanará. Te invito que tomes un viaje conmigo dentro del Antiguo y Nuevo Testamento y veamos como por siglos Dios ha sanado y continuará sanando hasta que Jesús vuelva por su pueblo.

Sanando a un Leproso

No sólo Dios sanó lepra en el Antiguo Testamento, también Su Hijo, Jesús, sanó muchos leprosos en el Nuevo Testamento. En 2 Reyes 5, encontramos la historia del general del ejército del rey de Siria a quien Dios sanó dramáticamente. Su historia está llena de lecciones para que nosotros nos pongamos en una posición para recibir de Dios.

Naamán, general del ejército del rey de Siria, era varón grande delante de su señor, quien lo tenía en alta estima, porque por medio de él había dado Jehová salvación a Siria. Era este un hombre valeroso en extremo, pero leproso. Y de Siria habían salido bandas armadas, y habían llevado cautiva de la tierra de Israel a una muchacha, la cual servía a la mujer de Naamán.

Ésta dijo a su señora: Si rogase mi señor al profeta que está en Samaria, él lo sanaría de su lepra. Entrando Naamán a su señor, le relató diciendo: Así y así ha dicho una muchacha que es de la tierra de Israel. Y le dijo el rey de Siria: Anda, ve, y yo enviaré cartas al rey de Israel. Salió, pues, él, llevando consigo diez talentos de plata, y seis mil piezas de oro, y diez mudas de vestidos.

2 Reyes 5:1-5 (RVR 1977)

Naamán, este general querido, tenía lepra, una enfermedad que lleva un estigma. La lepra corroe la carne, causando la pérdida de partes del cuerpo (dedos, manos, nariz, etc.). Aunque Naamán tenía una posición alta y noble en el pueblo, su lepra le hizo un paria en la sociedad. Por causa de que esta enfermedad era muy contagiosa, no podía acercarse a la gente. Solamente su posición de alto rango y su utilidad al rey lo había salvado de que lo enviaran a una colonia de leprosos. A lo largo de la Biblia leemos historias de leprosos que seguido los separaban de sus familias, amistades y hogares. No podían vivir entre otras personas por causa de su enfermedad. Naamán tenían acceso a su casa y su familia pero sentía las otras limitaciones. Esta enfermedad no sólo cargaba un estigma sino la esperanza de una curación no existía.

Aun siendo de Siria y no uno de los escogidos de Dios, Naamán recibió el favor de Dios porque fue usado por Dios para traer libertad a Siria. Dios puso en su lugar un plan estratégico para sanarlo, porque su curación sería un testimonio para muchos. Porque era un hombre honorable con un propósito asignado por Dios, Dios lo rodeó con las personas apropiadas para facilitarle este milagro de sanidad. Dios usó una criada jovencita de Israel, la esposa de Naamán, sus sirvientes, y Eliseo el profeta, para realizar este milagro asombroso.

Dios posicionará a personas en tu vida que Él puede utilizar para ayudarte a conseguir tu milagro. Puede Dios sanarte sin la ayuda de otros? Sí, Él puede, pero le gusta involucrar a las personas en Su trabajo. Cuando Dios nos usa, nos ayuda abrir nuestros ojos y ver lo que Él está haciendo a nuestro alrededor y en el mundo entero.

Antes de estar con Naamán, Eliseo, el profeta, había levantado de la muerte al hijo de la mujer sunamita (2 Reyes 4). Es evidente que después del gran milagro, su fe estaba en un alto nivel, y este fue el momento perfecto para que Naamán recibiera su propio milagro de parte de Dios. La joven criada fijó el escenario al compartir su fe con la esposa de Naamán y haberle presentado al Dios quien sana. Compartió las historias y milagros del profeta Eliseo y animó a la esposa que hablara con Naamán de su curación. Después de la conversación, Naamán se presentó ante su rey, quien le dio permiso de ir a buscar su curación. El rey de Siria envió una carta al rey de Israel pidiendo sanidad para Naamán. Esta petición angustió al rey de Israel. Pensó que el rey de Siria estaba en busca de una pelea, porque él no tenía el poder de sanar a Naamán. Al enterarse de la petición, Eliseo le dijo al rey de Israel que le enviara al leproso a él. De hecho había un profeta y sanador en la tierra que tenía los oídos del Dios de los cielos en la tierra.

Dios usó la criada para presentar el poder de Dios a la familia de Naamán y a todos sus conocidos. Al observar la vida de esta esclava jovencita, vemos fidelidad en acción. A pesar de que la habían tomado de su hogar y de su familia para servir como una esclava, no permitió que la amargura o la falta de perdón tomaran raíz en su corazón, ni culpó a Dios de su situación. Compartió su amor para Él y su fe con aquellos quienes lo necesitaban. Es evidente que ella tenía una relación íntima con el Padre. Comprendió que Él tenía un propósito para ella donde la plantó, y ella encontró su propósito.

Dios utiliza a las personas quienes están disponibles a Él, no importando las situaciones adversas por las que estén pasando. Cuando surgen situaciones difíciles en nuestras vidas, jamás toman a Dios por sorpresa. Si Él permite las dificultades y las utiliza para lograr Su plan mayor en y a través de nosotros.

Dios a menudo trabaja a través de personas. Él nos usa para ser Sus manos y pies para aquellos que necesitan Su toque. Naamán necesitaba sanidad y Dios usó al profeta Eliseo para curarlo. Dios podría haber simplemente hablado las palabras y la sanidad se habría manifestado pero hay muchas lecciones que aprender cuando Dios obra a través de nosotros, Su creación. En el próximo capítulo quiero que veamos el proceso de la curación de Naamán. En esta sanidad veremos que Dios obra por medio de nosotros cuando somos humildes y cuando Le permitimos usar lo que es necesario para hacer Su trabajo.

Lecciones Que Debemos de Vivir

- Estar listos y disponibles para ser usados por Dios.
- Dios te puede usar aun en las temporadas difíciles de la vida.

- No dejar que tu posición o estatus en la vida silencie tu voz, tú tienes algo que decir por Dios.
- Sé valiente y habla por Dios.
- Dios puede usar cualquier persona en cualquier momento si El elige; no está limitado por las circunstancias.
- Si pierdes una oportunidad para ser usado por Dios, sigue buscando. El te presentará con otra oportunidad.

Una Escritura para Sanidad – Salmo 107:20

Padre, gracias que el Salmo 107:20 nos da una gran promesa. Nos dice que Tú enviaste Tu Palabra y nos sanaste. Hoy, escojo tomar Tu Palabra como medicina para mi alma, y te doy las gracias que al hablarlo sobre mi vida traerá sanidad y plenitud a mi cuerpo así como a mis emociones. En el nombre de Jesús.

Amén!

Dios, Nuestro Sanador

Cuando la mano de Dios te toca, cambiaras radicalmente. Dios es un Dios tan personal que entrará en tu vida en el tiempo correcto para sanar los lugares despedazados, no solo en tu cuerpo sino también en tu alma. Quizá seguido pensamos que nosotros tenemos control sobre las cosas que pasan pero cuando la enfermedad ataca nos damos cuenta que no es así, no están bajo nuestro control. Necesitamos que Dios venga y nos rescate. Él rescató a Naamán y cambió su vida para siempre y el camino de su destino. Dios, nuestro Sanador, causa que experimentemos tanta libertad y paz en nuestros cuerpos y emociones que sabemos sin duda que Él es el Único quien obró Su milagro en nosotros. Su poder sanador trae esperanza a nuestros corazones heridos así como lo hizo con Naamán.

Eliseo le pidió al rey de Siria que le enviara Naamán el leproso a él, pero cuando Naamán llegó, Eliseo se negó a reunirse con él cara a cara. En su lugar envió a su siervo para decirle a Naamán que fuera a lavarse siete veces en el Río Jordán. Naamán se sintió insultado y se disgustó que el profeta no salió a reunirse personalmente con él (2 Reyes 5:9-10).

Cuando Naamán llegó a reunirse con Eliseo, tenía grandes expectativas de lo que sería el resultado, pero sus expectativas no se cumplieron. Esto me recuerda como muchos de nosotros esperamos que Dios se mueva de cierta manera en nuestras vidas y cuando no sucede como esperamos, nos ofendemos. A menudo ponemos limitaciones sobre Dios, en cómo puede y cómo responde a nuestras peticiones. Sin embargo, Dios tiene Su propia manera y plan para el resultado que Él desea. Él seguido no responde a nuestras peticiones y expectativas dentro de las limitaciones de tiempo o las fronteras que hemos establecido para Él. Recuerda, Él es Dios y no está sujeto a nosotros; nosotros estamos sujetos a Él. Cuando Él nos da instrucciones para recibir nuestro milagro, debemos decidir si adherimos a ellas o perdemos esas oportunidades. Naamán casi pierde su milagro a causa de expectativas equivocadas y por haberse ofendido.

Naamán fue dado instrucciones explícitas para su curación pero no cooperó, porque sentía que otros ríos en Damasco eran mejor y estaban más limpios que el Jordán. El reusó bañarse en el Río Jordán. A veces, algunos de nosotros sentimos que estamos más informados que Dios. Podemos perder Sus milagros para nuestras vidas porque no recibimos sus instrucciones fácilmente. Naamán casi pierde su visitación divina porque pensó que él sabía lo que era mejor.

Echemos un vistazo a la historia del Río Jordán para ver posiblemente el porqué Eliseo lo envió allí para lavarse y recibir su sanidad. El Río Jordán estaba localizado en Israel. La palabra Jordán significa: "que fluye hacia abajo o el que desciende". Este es el río que cruzaron los Israelitas bajo el liderazgo de Josué para llegar a la Tierra Prometida, la tierra en donde fluye leche y miel. El Río Jordán estaba inundado cuando el Señor realizó un milagro, haciendo que las aguas dejaran de fluir y permitir que los Israelitas cruzaran con seguridad (Josué 3:16). El Rio Jordán era muy especial para Eliseo, porque allí fue donde él vio al Señor llevarse a

Elías al cielo y en donde tomó el manto de Elías, que descendió y comprobó que el Señor estaba con el (2 Reyes 2:11-14). Juan el Bautista tuvo su ministerio en el Río Jordán. En el Río Jordán, Jesús se bautizó en agua, y Dios habló desde el cielo diciendo que Jesús era Su Hijo amado en quien Él se complacía.

Muchos milagros habían acontecido en el Río Jordán. Eliseo envió a Naamán a lavarse y ser hecho íntegro, pero su orgullo lo obstruyó. Por qué se puso molesto Naamán con esta petición? Yo creo que fue porque aunque él tenía una posición de alto rango, Eliseo no se reunió con él cara a cara. Es muy probable se sintió ofendido y que era falta de respeto. El profeta Eliseo era un hombre sabio y seguramente había recibido instrucciones de parte de Dios sobre el trato de este milagro. Dios quería más que la cura- ción del físico de Naamán; Él quería el orgullo que tenía raíz en su corazón. El orgullo ha causado la caída de muchos, no solo aque- llos con altos rangos pero incluso aquellos que no tienen mucha condición terrenal y posición. Tú y yo debemos optar por ser humilde, obedecer a Dios y seguir a los que Él envía para ayudarnos en nuestra crisis.

Los criados que viajaban con Naamán fueron testigos de su actitud y lo retaron acerca de ella. Se dirigieron hacia él como, "Mi Padre". Esta manera de dirigirse representa una relación más íntima y familiar de esclavo y amo. Le preguntaron si el profeta le habría dicho que hiciera algo más grande, él lo habría hecho. Estos sirvientes tenían un gran discernimiento y fueron directamente a la base del problema. Él sentía que lo que el profeta le había pedido no era digno de él, de su alto rango y de su posición en la vida. La pregunta mostró que ellos reconocían que su orgullo le iba costar algo precioso. La sanidad que el anhelaba estaba a su alcance, pero su orgullo y enojo casi le costaron perderla.

Dios no actúa al azar. Dios usa a las personas en nuestras vidas para ponernos en posición para los planes y propósitos que Él tiene para nosotros. Naamán era capaz de aprender y escuchó las palabras sabias de sus criados. Escuchó aquellos que estaban bajo su liderazgo, mostrando que tenía un grado de humildad. Porqué escucho a sus esclavos en lugar de Eliseo? Podría ser por la relación que tenía con ellos. Ellos habían servido con él, juntos habían pasado por guerras difíciles y confiaba en ellos porque sabía que ellos buscaban genuinamente su bienestar.

Estoy convencida que Naamán había escuchado de otros milagros obrados por Eliseo, así es que debió haberle tenido una gran fe, pero le faltaba confianza y seguridad en las instrucciones recibidas. Esto me recuerda que a veces nosotros también desconfiamos de las instrucciones que nos da Dios. Puede ser que nos falta fe para creer que Dios nos sanará, especialmente si hemos estado esperando por un periodo de tiempo largo. Algunas veces también nos enojamos y nos frustramos porque los milagros por los cuales hemos estado orando no se han manifestado. La espera puede haber erosionado nuestra confianza y seguridad en Dios. Mientras estás en espera de tu sanidad, recuerda, Dios está contigo. Aunque no siempre entendemos su tiempo, Él manifestará Sus promesas en tu vida porque es de acuerdo a Su voluntad. Puedo decirte que no siempre comprendo Sus tardanzas pero he llegado a confiar que en las tardanzas El está obrando las cosas a nuestro favor. Siempre recuerdo que la visión de Dios y Su punto de vista de nuestra vida es mucho mayor que el nuestro. Él ve desde una perspectiva más alta y mayor que nosotros, y nosotros simplemente debemos confiar en Él. Al confiar en Él, estás haciendo una decisión basada en tus experiencias pasadas de Su fidelidad en tu vida. Él es digno de confianza; por lo tanto puedes estar seguro de que lo que ve en tu futuro es siempre mucho más allá de lo que tú y yo podemos comprender.

La Sanidad de Naamán

Después de que los criados de Naamán lo habían retado y

corregido, obedeció las instrucciones de Eliseo y se sumergió siete veces en el Río Jordán. Después la séptima sumersión, salió sano y completamente íntegro. En la Biblia el número siete significa integridad y el número ocho significa comienzo nuevo. Naamán recibió ambos, sanidad y un comienzo nuevo maravilloso.

Después de haber sanado, Naamán regreso a Eliseo, y esta vez Eliseo lo recibió cara a cara. Vamos a examinar algunas de las lecciones que están incrustadas en esta curación y su intercambio.

Y volvió al varón de Dios, él y toda su compañía, y se puso delante de él, y dijo: He aquí ahora conozco que no hay Dios en toda la tierra, sino en Israel. Te ruego que recibas algún presente de tu siervo. Mas él dijo: Vive Jehová, en cuya presencia estoy, que no lo aceptaré. Y le instaba que aceptara alguna cosa, pero él no quiso.
2 Reyes 5:15-16 (RVR1969)

En la conversación de Eliseo con Naamán vemos el poder visible de Dios. Yo sostengo que si Eliseo se hubiera reunido inicialmente con Naamán y hubiera puesto sus manos sobre él, Naamán hubiera acreditado su curación al profeta en vez de Dios. Naamán no hubiera aprendido que Dios es el único Sanador y solamente usa a las personas para obrar Sus deseos en nuestras vidas. Hubiera adorado al profeta y no al Creador. Eliseo era un hombre sabio entonado a los deseos de Dios de que Él quería recibir el reconocimiento total por este gran milagro. Eliseo también conocía la naturaleza del humano. Tenemos la tendencia de adorar a la gente porque no podemos ver a Dios con nuestros ojos naturales. Por lo tanto tenemos el reto de creer que El está disponible para sanarnos. Siempre debemos buscar nuestra sanidad en Dios y no en el hombre. Naamán, con un corazón agradecido, se dio cuenta de que no había ningún Dios en el mundo entero más que en Israel. Intentó hacerle obsequios al profeta en agradecimiento pero Eliseo no los aceptó.

Naamán prometió adorar y sacrificar solamente al Dios verdadero. Su corazón le pertenecía enteramente a Dios. En Lucas 4:27, leemos algo muy interesante. Dice, "Y muchos leprosos había en Israel en tiempo del profeta Eliseo; pero ninguno de ellos fue limpiado, sino Naamán el sirio." Esta escritura nos dice que Dios pasó por alto a todos los otros leprosos, aun entre Su propio pueblo, los Israelitas, para sanar a este incrédulo. Este ejemplo de la compasión de Dios nos dice que también tiene compasión hacia los que no claman a Él como el Señor y que está dispuesto a darles sanidad y libertad. Al servir a Dios debemos extender nuestra mano hacia aquellos quienes no aceptan el sacrifico de Su Hijo tan fácilmente. Al hacer esto podemos alcanzar a otros con el poder de Su toque sanador. Dios usará las sanidades, profecías, milagros, y liberaciones como puertas abiertas para mostrarle al pueblo qué tan poderoso y disponible Él es hacia los que están en necesidad. Él los causará poder ver, así como pudo ver Naamán, que no hay ningún poder en el mundo entero más grande que Su poder.

Lecciones Que Debemos de Vivir

- Dios usa a las personas para obrar milagros
- Dios te ha asignado se parte del milagro que pertenece a alguien mas
- Debemos hablar de parte de Dios cuando se nos da la oportunidad
- Se requiere fe para operar en el poder milagroso de Dios en la sanidad
- Tenemos que deshacernos del orgullo para recibir nuestros milagros
- Mira hacia Dios y no hacia el hombre para recibir tus respuestas y tus milagros
- No intentes robarle a Dios la gloria que solo Él se merece

- Sé humilde y recuerda que Dios honra a quienes trabajan con humildad
- Después de que Dios te usa, no intentes recibir ganancia por su causa
- Dios siempre bendice a quienes obedecen

Una Escritura para Sanidad – Éxodo 15:26

Padre, gracias que Éxodo 15:26 dice si yo oigo atentamente la voz de Jehová mi Dios, y hago lo recto delante de sus ojos, y doy oído a sus mandamientos, y guardo todos sus estatutos, ninguna enfermedad de las que envió a los egipcios me enviara; *porque El es Jehová mi Sanador.* Pido esto en el nombre de Jesús.

Amén!

Conmovido con Amor y Compasión

❧

Dentro del Antiguo Testamento encontramos el amor y compasión de Jesús hacia los enfermos en muchos casos. Él sanó y liberó a mucha gente quienes estaban oprimidos por el diablo. Él no fue un Salvador lejano. Él siempre entró a las vidas quebrantadas que le rodeaban para traerles esperanza y sanidad. Jesús se conmovía al ver el dolor, las luchas, y la falta de esperanza de la gente. El no volteaba la cara de aquellos quienes estaban dolidos o heridos. El ejemplo que nos ha dado es que también nosotros debemos de ser conmovidos por los dolidos y los oprimidos. Hemos sido llamados a ser sus manos y pies a un mundo decadente y moribundo, y se espera de nosotros que hagamos lugar en medio de nuestras ocupaciones para abordar las condiciones de una humanidad dolida. Jesús nos ha llenado de Su Santo Espíritu y poder para que hagamos una diferencia donde quiera que vayamos. Su plan es para que nosotros hagamos un impacto sobre las vidas en nuestros hogares, vecindades, y comunidades; en nuestro lugar de empleo, en los restaurantes y en las tiendas; y aun en los lugares más remotos de la tierra.

En Juan 14:12 Jesús dice, "De cierto, de cierto os digo: Él que en mí cree, las obras que yo hago, él las hará también; y aun mayores hará, porque yo voy al Padre." Sé que estás preguntado, "Cómo puedo hacer obras mayores que las de Jesús? Él sanó a los enfermos, liberó a los oprimidos y levanto a los muertos; Él era Jesús!" Y Jesús nos da la respuesta: cuando creemos en Él, haremos obras más grandes. Hay que creer que Él es el Hijo de Dios. Tenemos que creer lo que dice la Biblia sobre los milagros que Él realizo é imitarlo. Debemos de entender que nosotros no somos quienes realizan los milagros; Él es quien los realiza, y Él hará el milagro por medio de nosotros. Dice también que mayores obras vamos a hacer, porque El va al Padre. Cuando Él fue al Padre, nos dio el regalo más increíble. Él nos envió al Espíritu Santo, quien trabajó junto a Él haciendo estos milagros sorprendentes. El Espíritu Santo es quien nos da los dones del Espíritu, y Él hará grandes milagros por medio de nosotros. Él es nuestro Obrero de Milagros.

En este capítulo quiero ver lo que puede lograr el poder del amor y compasión. En Lucas 7, encontramos uno de los grandes milagros de Jesús.

Aconteció después que él iba a una ciudad llamada Naín, y marchaban juntamente con él bastantes de sus discípulos, y una gran multitud. Cuando llegó cerca de la puerta de la ciudad, he aquí que sacaban a enterrar a un difunto, hijo único de su madre, y ella era viuda, y estaba con ella un grupo considerable de la ciudad. Cuando el Señor la vio, fue movido a compasión sobre ella, y le dijo: No llores. Él se acercó y tocó la camilla mortuoria, y los que lo llevaban se detuvieron, y él dijo: Joven, a ti te digo, ¡levántate! Entonces el muerto se incorporó y comenzó a hablar, y él se lo dio a su madre.
Lucas 7:11-15 (RVR1977

Jesús levantó a tres personas de la muerte durante su ministerio en la tierra. Levantó a este joven, a la hija de un gobernante, y a Lázaro. Este joven iba en camino hacia el entierro, por lo que probablemente no hubiera pasado mucho tiempo desde su muerte. La hija del gobernante acaba de morir cuando fue levantada. Lázaro tenía cuatro días de muerto antes de ser levantado. En aquellos días la gente enterraban los muertos tan pronto como fuera posible puesto que no había refrigeradores en donde mantener los cuerpos, que empezarían a oler mal muy rápidamente. Jesús ministraba en cada etapa de la muerte, y como Él espera que nosotros también levantemos a los muertos, también podemos ministrar en cada etapa de la muerte. Al levantar a estas tres personas, Jesús les trajo la resurrección de la vida. Cambio sus circunstancias al darles a ellos y a sus familiares la restauración de gozo y esperanza.

Cuando Jesús se encontró con la viuda en el camino hacia el entierro, fue conmovido con compasión sobre su pérdida y su duelo. Por ser viuda, recibía su apoyo principal de su hijo, quien ahora estaba muerto. Tenía pesar no sólo por haber perdido a su hijo pero también por haber perdido su apoyo.

Era una hija de Dios y Él envió a Su Hijo en el momento adecuado para ayudarle en sus dificultades. Jesús fue dado una tarea divina de conocerla en el momento preciso, y cumplió con Su tarea. Él fue colocado en el lugar correcto, en el momento adecuado, para encontrarla en el momento de su mayor necesidad.

Algunos de ustedes se están preguntando porque no llego Él cuando el hombre estaba enfermo y antes de que muriera. Ciertamente, pudo haber llegado antes de la muerte de este hombre joven, pero el poder de Dios que se mostró en esta resurrección no habría sido presenciado por las muchas personas que la vieron. La gran multitud que le seguía no habría llegado a conocer que Jesús era el hijo de Dios. La gran multitud que le seguía no habría llegado a conocer que Jesús, de hecho, era el Hijo de Dios.

El tiempo de Dios está mucho más allá del alcance de nuestra comprensión. Él no funciona dentro de nuestro margen de tiempo. Isaías 55:8-9 dice, "Porque mis pensamientos no son vuestros pensamientos, ni vuestros caminos mis caminos, dijo JEHOVA. Como son más altos los cielos que la tierra, así son mis caminos más altos que vuestros caminos, y mis pensamientos más que vuestros pensamientos." De esta escritura vemos que nuestros pensamientos e ideas no se comparan con lo que Dios piense o cómo Él opera. Podríamos decir que Él ve desde el punto de vista de un águila mientras nosotros sólo tenemos la vista de un pájaro. Su vista es clara y sin obstáculos mientras que la nuestra es poco clara y desenfocada. Por tanto es imposible para nosotros saber cómo y cuándo es el momento adecuado para que Él se mueva en nuestras situaciones. Cuando Él se mueve lo hace porque todos los componentes están en su lugar para nosotros poder recibir los milagros o ser testigo ocular de los milagros.

Ponte a pensar conmigo un momento. Si Jesús habría llegado un día antes, unos minutos después o unos minutos antes, se habría encontrado con la mujer y su hijo en el tiempo apropiado? No. Consideremos este milagro, el milagro fue en el tiempo perfecto de Dios para esta mujer y su hijo. El tiempo está enteramente en las manos de Dios, y trabaja dentro de Su propio margen de tiempo para lograr Su obra en nuestras vidas y en la tierra. Si tú y yo simplemente podemos confiar y descansar en Su fidelidad, nunca llegaremos a estar ansiosos sobre si perdemos el momento perfecto para recibir algo de parte de Dios en nuestras vidas.

Al restaurar el hijo a esta mujer, Jesús nos lleva al Antiguo Testamento donde nos encontramos que Dios también restauro hijos a madres viudas. En 1 Reyes 17, Dios envió a Elías a conocer a la mujer viuda en Sarepta, porque había hambre en la tierra, y ella y su hijo habrían fallecido sin la provisión que Él tenía para ellos. Hay que ver, Dios sabía que esta viuda también habría muerto sin el apoyo de su hijo, y Él envió la provisión por medio del profeta.

Cuando Elías la encontró, ella estaba en una situación desesperada y sin esperanza, pero Dios todavía le pidió darle su última comida para producir su milagro. Tenía que alimentar al profeta primero con la poca comida que le quedaba en su barril para que ella pudiera sostenerse. Por fe esta viuda obedeció a Elías y le dio su último alimento, y Dios la honró con una provisión generosa durante el periodo de hambre en la tierra. Después de que ella obedeció y lo alimentó, Dios realizo el milagro de darle una cosecha abundante en su vida.

Dios puso como requisito lo último que ella tenía, porque iba a encontrase con un mayor desafío en el camino que le iba requerir absoluta confianza y fe en el profeta y en Dios. Al poco tiempo de haber alimentado al profeta, su hijo se enfermó y murió. Yo creo que el milagro del pan y aceite no fue el gran milagro; fue el milagro de haber levantado a su hijo de la muerte.

El aumento de su fe después del primer milagro causó que ella creyera que Dios podría levantar a su hijo de la muerte. Por lo tanto cuando falleció su hijo, no se puso a llorar o a gemir. Se puso molesta. En su enojo fue hacia Elías y le exigió saber si él, al recordar los pecados del pasado de ella, había matado a su hijo. A veces pensamos que nuestros pecados son la razón por la que luchamos y no experimentamos las bendiciones de Dios. A pesar de que nuestros pecados pueden tener un impacto negativo en nuestras vidas, porque siempre hay consecuencias para la desobediencia, también hay veces que somos el blanco del diablo. El enemigo usa las dificultades en nuestras vidas para dividir y conquistarnos. El diablo conoce la naturaleza humana y trae dificultades para hacer nuestra vida insoportable. El enemigo sabe que estas situaciones te impedirán perseguir a Dios y permanecer cerca de Él cuándo más lo necesitas. El fin es de separarte de Dios, quien te ama y te ayuda a enfrentar y superar toda prueba. El enemigo te dirá que Dios podría haber cambiado la situación a tu favor pero no lo hizo. Cuando el diablo siembra estas semillas en nuestras mentes, puede ser difícil de desalojar, y después de un rato, a veces empezamos a culpar a Dios por no habernos vigilado.

Esta viuda plenamente confiaba en que Elías haría algo cuando ella lo asaltó muy enojada y exigió una respuesta. Ella esperaba un milagro mayor del que anteriormente había visto. Dios respondió levantando su hijo de entre los muertos. El utilizó la unción en la vida del profeta para realizar este gran milagro.

De nuevo vemos el momento perfecto de Dios obrando en la vida de esta viuda. Dios colocó al profeta en el lugar correcto en el momento adecuado para que el niño, al morir, podría ser levantado de la muerte. Después de que Elías levantó al niño de entre los muertos y Dios lo restauró a su madre, la mujer dijo algo que me pareció sorprendente. Dijo, "Ahora sé con certeza que eres un hombre de Dios y que el Señor verdaderamente habla a través de ti." Es muy evidente que ella, en un principio, no tenía fe en el profeta incluso después de que Dios lo utilizó para abastecer sus necesidades. Su declaración habla de sus problemas y sus dudas en creer que Dios vendría a su rescate. Cuando Dios le dio el primer milagro, ella lo recibió pero no confiaba totalmente en Elías. Sólo después del segundo milagro, abrió su corazón enteramente al profeta y a Dios, quien lo había enviado a su vida para ayudarla a ella y a su hijo.

Algunos de nosotros nos identificamos con esta mujer en su lucha y su reacción a la misma. En medio de nuestras luchas y en las largas temporadas en espera para recibir las promesas de Dios, también a veces perdemos la esperanza. Cuando llega el milagro frecuentemente no somos conmovidos porque nuestros corazones se han endurecido durante la espera. En veces cuando los milagros se manifiestan, hemos derramado tantas lágrimas y estamos tan afligidos que es casi imposible emocionarnos con lo que Él ha hecho. Lo maravilloso de esta historia es que Dios nos ayuda y nos rescata incluso cuando nos convertimos en fríos en nuestras emociones hacia Él.

En 2 Reyes 4, vemos como Dios proveyó para otra viuda. El protegido de Elías, Eliseo, se encontró con una mujer viuda quien estaba pasando por un momento de su vida muy desesperado. Su esposo había muerto y los acreedores estaban por llevarse a sus dos hijos como pago de su deuda. Eliseo le preguntó qué tenía en su casa. Sólo tenía un frasco de aceite. Es interesante notar que con la viuda de Sarepta, Dios usó lo que tenía en sus manos para realizar el milagro y Eliseo le pidió a esta segunda viuda qué tenía en sus manos que podría ayudar a crear su milagro. Dios trabaja con lo que tienes para crear tu milagro.

La viuda le dijo a Eliseo lo que tenía, y él le dio instrucciones de ir y juntar todos los envases o frascos vacíos que pondría encontrar. Esta viuda tenía que sembrar dentro de su propio milagro. Después de haber juntado todos los frascos, Eliseo le dijo a la mujer que entrara a su casa y cerrará la puerta tras ella y sus hijos. Yo creo que Eliseo le estaba evitando ser distraída por sus vecinos quienes podrían haber cuestionado para qué quería esos envases y cómo esperaba llenarlos teniendo tan poco aceite. Eliseo estaba asegurando que ningún incrédulo hablara palabras negativas del milagro que Dios estaba por realizar en su vida. La viuda tendría que tener su fe y su vista completamente puesta en Dios. Cerró la puerta y comenzó a verter y siguió vertiendo el aceite hasta que todos los envases se llenaron. (Si hubiera tenido más frascos, el aceite no habría dejado de fluir hasta llenarlos todos.) Al terminar, ella pudo vender el aceite y salvar a sus dos hijos.

Al estudiar la Biblia encontramos que Dios siempre ha velado por las viudas y los huérfanos en sus situaciones difíciles. Él tiene un gran amor y compasión hacia ellos. Puede parecer que pasó a ser casualidad que Elías y Eliseo se presentaron en la vida de estas viudas, pero no es así. Dios las conocía, vio sus luchas, lloró con ellas por sus pérdidas y decidió intervenir. Él estratégicamente puso a los profetas en sus vidas, porque sin los siervos de Dios, sus hijos se habrían perdido, y las viudas habrían sufrido impotencia mayor. Dios mostró su amor y compasión hacia ellas y no las dejó en las condiciones quebrantadas en las que se encontraban.

Al comparar el milagro de Jesús levantando al hijo de la viuda en Nain con los milagros de los profetas, vemos algo distinto. Elías tuvo que hacer algo para levantar al hijo de la viuda de entre los muertos. Tomó al niño muerto, se tendió sobre él y con sinceridad oró y suplicó a Dios, y Dios escuchó y respondió. Eliseo le dijo a la otra viuda que encontrara algo en su casa para ayudar a producir su milagro. Jesús, el Hijo de Dios tenía todo el poder y la autoridad en sus manos y simplemente lo usó. Conmovido por misericordia, tuvo compasión de esta viuda que estaba en lágrimas y Él la animó a no llorar. Se acercó al ataúd y habló algunas palabras tiernas llenas de amor, "Joven, yo te digo levántate." Esto fue sin gran esfuerzo, sin oración o súplica a Dios, sin exceso de trabajo. Sólo fue conmovido y derramó amor y compasión al corazón de esta viuda desamparada y su hijo para traer restauración.

Me puedo imaginar el temor y la confusión que se llevó a cabo entre las personas que presenciaron este evento. Muchos de ellos se dieron cuenta que habían tenido el privilegio de conocer al Salvador del universo y ellos lo aceptaron como Rey. Otros se retiraron probablemente asustados y confundidos. No estando dispuestos a entregar sus corazones a Él, perdieron su visitación divina de parte de Dios.

También podemos realizar milagros como Jesús lo hizo, si trabajamos en el poder y la autoridad que está a nuestra disposición. El poder del Espíritu Santo que trabajó en la vida de Jesús también está disponible a cada creyente que le dice sí a Dios. Dios te usará para llevar a cabo grandes milagros como lo hizo con Jesús, los discípulos, y como lo hace hoy en día con muchos hombres y mujeres. Creo que los grandes ingredientes para producir milagros son amor y compasión. Cuando el amor y compasión de Dios para la humanidad este dentro de nosotros, veremos grandes milagros en la tierra.

Una Sonrisa Sin Precio

Mientras mi equipo y yo hacíamos un viaje de misiones, un incidente particular dejó una huella imposible de borrar en nuestros corazones. Estábamos sirviendo en un orfanato para niños y adolescentes que tenían SIDA. Aquellos que cuidaban a los niños eran atentos y amables. Podíamos ver la compasión del Señor en su servicio. Los niños estaban felices y se mostraron cariñosos. Tuvimos el privilegio de compartir a Cristo con ellos y darles comida y ropa. Mientras estábamos ministrando, uno de los miembros del equipo notó a una niña muy calladita y tímida en silla de ruedas. Varios de los otros miembros del equipo intentaron participar en conversaciones, pero ella no respondía. El Señor le dijo a un miembro del equipo en particular que le preguntara a la niña que si pudiera pedirle a Jesús cualquier cosa, que cosa sería. Con la cabeza inclinada hacia abajo y con una voz muy pequeña, dijo, "Una muñeca". La muñeca que ella quería debería de tener toda la ropa y accesorios para que ella pudiera vestirla y arreglar su cabello.

Antes de ir al orfanato, se nos dijo cuales eran las cosas más necesarias para los niños, y esas fueron las que inicialmente les entregamos. Al escuchar la petición de esta niña pequeña, nos dimos cuenta que está bien darles las cosas necesarias, pero los niños también necesitan juguetes y regalos para alegrar sus días. Armados con este conocimiento, fuimos de compras para regresar al orfanatorio con muchas sorpresas. El gozo y la emoción en los rostros de los niños fue algo maravilloso. Por primera vez, la jovencita levantó su vista hacia nosotros al entregarle la muñeca. La sonrisa sobre su rostro mientras ella abrazaba firmemente a su muñeca era impagable; una sonrisa sin precio.

Es tan importante que aprendemos a escuchar claramente la voz de Dios y obedecerle cuando nos da palabra. Si no lo oímos, se perderán oportunidades que marcan nuestros corazones y las vidas de otros. Nos retiramos del orfanato con la sensación que nos habíamos convertido más como Jesús, llenos de su amor y compasión para satisfacer las necesidades de aquellos que sufrieron un golpe terrible por el diablo. Estábamos tan agradecidos de haber creado una relación con ese orfanato y los niños en el momento adecuado. Unos años después al visitar el lugar de nuevo, nos enteramos que la niña había muerto un año después de nuestra visita. Los otros niños estaban prosperando y Dios continúa sanando y restaurando. Vimos realmente el amor y la compasión de Jesús obrando en las vidas de los niños y los trabajadores.

El amor y la compasión son regalos que Dios gozosamente derrama en la vida del creyente para que Dios nos pueda utilizar para impactar vidas. La viuda no le pidió el milagro a Jesús. Él lo hizo porque la amaba. Jesús no estaba alejado de su situación; estaba muy presente. En su amor Él la vio quebrantada, triste, sola, confundida y en un estado sin esperanza. Su amor tomó acción y la rescató. El amor de Cristo es tierno, apasionado, y lleno de devoción a quienes lo reciben. Cuando somos compasivos, nos llena de comprensión, ternura, bondad, misericordia y piedad para aquellos que están luchando. El amor y la compasión han conmovido a Dios durante siglos para actuar en nombre de la humanidad. Aun cuando pecamos y no cumplimos las normas de Dios, se nos extiende el amor y la compasión. Algunas personas en vez de aceptar lo que nos da Dios, en sus momentos débiles se alejan de Él. Dios quiere que corras hacia Él, no lejos de Él, incluso cuando has cometido una falta. Él es una fuente de paz y fortaleza en tus momentos de crisis. Amor y compasión causaron que Jesús pusiera su rostro como pedernal, mientras caminaba hacia la cruz. Amor y compasión lo conmovió a enviarnos el Espíritu Santo para consolarnos y ayudarnos durante nuestras luchas. Amor y compasión motivan a la deidad de Dios (Dios Padre, Dios-Hijo y Dios-Espíritu Santo) y además debe de motivar todo lo que hacemos. Si nuestro deseo es realizar milagros y nuestra motivación no es el amor y la compasión hacia la humanidad, perderemos lo que Dios desea hacer con nosotros y a través de nosotros.

El Amor Que Sana

Jesús habló a menudo del amor divino de Dios hacia la humanidad. Este amor es puro, intenso, altruista, y misericordioso. En Mateo 27:37, El nos enseñó amar a Dios con todo nuestro corazón, que es el núcleo de lo que somos. Para amarlo con toda nuestra alma consiste en nuestras acciones y actitudes. Para amar a Dios con toda nuestra fuerza incluye nuestra fuerza física y emocional, y para amarlo con toda nuestra mente incluye nuestro intelecto, que es la capacidad de razonar, pensar, planificar y ejecutar. Dios jamás nos pide algo que no somos capaces de hacer. Cuando Él nos dice que hagamos algo, ya nos ha equipado para hacerlo. Por lo que sus mandamientos para nosotros no son graves. Cuando amamos a Dios con la intensidad descrita en Mateo 27, comenzaremos amar a la gente como Dios los ama.

Por qué, para Dios, es tan importante amar a los demás? Porque es por medio de nuestro amor que la gente conocerá a Dios. Cuando el amor nos motiva, nunca perderemos la oportunidad de ser las manos y pies de Jesús. En 1 Juan 4:18, Jesús dice que el amor perfecto echa fuera el temor. El amor perfecto que Dios tiene para nosotros no permite que el temor tome un lugar permanente en nuestros corazones, el amor perfecto que nos tiene el Hijo no deja que el miedo tome posesión de nosotros; y el amor perfecto que el Espíritu Santo tiene para nosotros lanzará fuera el temor de nuestros corazones y mentes y traerá consuelo a nuestras almas. Cuando comprendemos este amor profundo, el temor jamás nos impedirá realizar los milagros que Jesús dijo que haríamos. Con este gran amor en nuestros corazones, seremos personas imparables, corriendo la carrera con excelencia, centrándonos siempre en Jesús, quien es el autor y consumador de nuestra fe. El amor es el regalo más grande que Dios nos ha dado, porque Su Hijo es el amor encarnado. El amor es el regalo más grande que podemos darle a una persona quebrantada o herida. El amor y la compasión pueden tener un impacto tan profundo en la vida de una persona y puede cambiar el camino hacia su destino.

Cuando Jesús levantó al hijo de la viuda, entregó un testimonio maravilloso. Pueden imaginarse cuán grande fue el testimonio del hijo? No sabemos por cuánto tiempo él había muerto y en el camino al entierro, el Hijo de Dios lo llamó nuevamente a la vida con palabras tiernas llenas de amor y compasión. Cuando este joven se sentó en el ataúd, él estuvo cara a cara con el Hijo del Dios Todopoderoso. Dios le dio un testimonio profundo que cambió su vida. La viuda no sabía que encontraría al amante de su alma en ese camino solitario, triste y devastador hacia el sitio del entierro. Ella había empezado este viaje porque no tenía ninguna otra opción, su hijo estaba muerto y tenía que ser sepultado. Ella estaba sufriendo mucho a pesar de que estaba rodeada de muchos quienes la apoyaban. Cuán grande el amor del Padre quien enviaría a Jesús a la eternidad en el momento exacto en la historia de conocerla en el momento de su mayor necesidad. El tiempo de Dios fue perfecto, y la obediencia de Jesús al Padre lo puso en el momento adecuado para encontrase con la hija amada de Dios.

Mientras reflexiono en esta historia increíble, quiero hacerte una pregunta. ¿Qué cosa muerta en tu vida debe ser levantada por Jesús? Dios enviará a Su Hijo en el momento adecuado para resucitarlos tal como lo hizo con el hijo de la viuda. Espera firmemente - Jesús viene en camino para encontrarse contigo.

Lecciones Que Debemos de Vivir

- El amor y la compasión son los ingredientes que producen milagros.
- Los milagros de Jesús siempre te darán aliento y te elevarán a otro nivel.
- Jesús siempre anima a los quebrantados de corazón.
- El nombre de Jesús es tan poderoso que sólo Sus palabras son necesarias para crear milagros.
- Jesús jamás nos deja en las condiciones quebrantadas en las que nos encuentra.
- Dios siempre ha estado presente durante las luchas de Sus hijos.

Una Escritura para Sanidad - Malaquías 4:2

Padre, gracias que Tu Palabra dice que para quienes temen Tu nombre, se levantará el Sol de Justicia con sanidad en Sus alas. Señor, yo te pido hoy que Tu poder sanador inunde mi vida, en el nombre de Jesús.

Amén!

Rescatado y Liberado

Nuestro entendimiento de quién es Jesús y lo que logró por su muerte en la cruz debe hacer cada uno de nosotros darle adoración y alabanza incesante. Al reconocer el precio que Él pagó para nuestra redención, nuestro corazón debe de responder con agradecimiento y gratitud. A veces nos falta el deseo de alabar y adorar al Rey, porque no comprendemos plenamente cuan digno es. Toma un momento para volver a un momento en tu vida cuando luchabas con una enfermedad, ya sea en tu propio cuerpo o en el cuerpo de un ser querido. Si no puedes recordar una enfermedad, qué tal una batalla financiera cuando no pudiste poner comida en tu mesa? Para otros tal vez fue una temporada difícil en su matrimonio. Cualquiera que haya sido tu lucha personal, podrías haber sentido desesperación en ese momento. Algunas luchas parecían imposibles y no podías ver una forma de salir de ellas. Ante estas situaciones, el deseo de adorar a Dios probablemente no estaba en tu lista de prioridades. La razón es que aunque a veces no queremos admitirlo, puede ser que culpamos a Dios de nuestros problemas. Razonamos, puesto que Dios es todopoderoso, que Él es capaz de proteger nuestra vida e impedir que algo nos cause daño. Seguido olvidamos que vivimos en un mundo invadido de maldad. Debido a nuestras elecciones, la elección de Adán y Eva y las malas decisiones de nuestros antepasados, el enemigo ha ganado un hueco en nuestra vida y nos ha llevado por un camino destructivo.

Dios no es un alborotador; Él no trae problemas a nuestra vida. Él es un Padre compasivo y amoroso quien está al tanto del bienestar de Sus hijos. Tan poderoso como es, nuestras opciones le prohíben interferir con muchas cosas que afectan nuestras vidas. Cuando cada uno de nosotros escogemos un camino que nos trae dificultades, Él está consciente y está disponible para ayudarnos a pasar por ellas y también superarlas. En medio de nuestras luchas, frecuentemente no le rendimos adoración. Podemos tener resentimiento, amargura y falta de perdón y normalmente encontramos alguien más a quien culpar de nuestras dificultades, y generalmente es Dios quien tiene la culpa y lo consideramos incapaz de ayudarnos. No nos damos cuenta que en la adoración es donde se encuentra la paz y el consuelo de las preocupaciones constantes de la vida. Cuando alabamos a Dios, la alabanza nos eleva llevándonos más allá de las circunstancias que enfrentamos.

Las luchas emocionales que enfrentamos están diseñadas para mantenernos lejos de adorar al Único quien nos puede dar libertad. Compartí en el capítulo uno sobre mi lucha con una úlcera que tardó años en sanar. No sólo luche con el dolor físico, sino también con el dolor emocional. Mi mente estaba en agitación constante aún en medio de oración y creyendo a Dios por mi curación. Razonaba que era impensable que alguien tan joven (comenzó a los 16 años) debería estar sufriendo al grado de dolor que constantemente me acosaba. En mi mente sentí que Dios no debería haber permitido que esto me sucediera. No confié en Él en los momentos cuando el dolor era intenso.

A menudo en nuestro dolor no pensamos en otros quienes también están luchando con temas de la vida. Hay personas innumerables, incluyendo niños, quienes sufren en los hospitales dentro del mundo, incluso muchos quienes no tienen acceso a los medicamentos más básicos para aliviar su dolor. Yo tenía medicina, y a veces me daba alivio pero cuando no sucedía así, me quejaba. Dentro de mis quejas continuaba orando y pidiéndole a Dios que me sanara. Tenía una mentalidad indecisa (de doble ánimo) y no estaba segura que Dios me iba sanar. Santiago 1:8 dice que el hombre de doble ánimo es inconstante en todos sus caminos. Necesitaba ser firme en mi fe. Debí haber clavado mi esperanza en Dios, pero tenía conflictos en mi corazón y mi confianza en Dios había deteriorado. Es difícil aguantar cualquier tipo de dolor (físico o emocional). Si podemos permanecer en paz durante nuestras temporadas de dolor, tendremos días más fáciles porque la paz nos estabiliza. La paz que Dios da tiene el poder para sostenernos cuando estamos sufriendo y no encontramos la respuesta.

Conozco personas que en medio del cáncer y la enfermedad de Lou Garret han mantenido su esperanza y alegría en el Señor. Se mantienen sonriendo y disfrutando de la vida, y su alegría no sólo elevaba sus espíritus sino también los de las personas quienes los cuidan. Ellos realmente se apoyan en Dios y confían en Sus promesas fieles. Esto me recuerda una de mis escrituras favoritas, que se encuentra en Isaías 55:10-11: *Porque como desciende de los cielos la lluvia y la nieve, y no vuelve allá, sino que riega la tierra, y la hace germinar y producir, y da semilla al que siembra, y pan al que come, así será mi palabra que sale de mi boca; no volverá a mí vacía, sino que hará lo que yo quiero, y será prosperada en aquello para que la envié.*

Veamos algunas de las promesas que contiene esta escritura:

- Lluvia y nieve siempre descenderá del cielo.
- La tierra será regada.
- Los árboles siempre producirán fruto.

- Aquellos que siembren comerán y disfrutarán de lo que han sembrado.
- La Palabra de Dios contiene promesas y no volverán vacías.
- Cada promesa producirá resultados en nuestra vida.
- La Palabra de Dios cumplirá lo que a Él le agrada.
- La Palabra de Dios prosperará dondequiera que Él la ha enviado.

Estas garantías en Su Palabra y Sus promesas son tan seguras como la lluvia, la nieve, el riego de la tierra y los árboles produciendo fruto. Estas cosas han sucedido durante siglos y continuarán incluso cuando ya no estemos aquí. La Palabra de Dios permanecerá a lo largo de la edad. Su Palabra nunca envejece y sostiene la vida. Cuando tú confiesas la Palabra de Dios sobre tu situación, produce resultados en tu vida. Su Palabra no puede volver vacía porque está embarazada con la vida de Dios. Todo lo que Dios hace está lleno de vida dando bendiciones para sus hijos. Cuando tú oras es imposible no recibir las peticiones sinceras de tu corazón. Dios oye y contesta nuestro clamor pidiendo ayuda.

A pesar de que algunas de las respuestas pueden no ser inmediatas, Él responderá si esperamos con fe y con esperanza. En la espera podemos estar seguros de que hará lo que Él ha prometido. No hay beneficio en estar molesto o tener una mala actitud hacia Dios, porque no conseguirás los resultados que deseas. Al tener una mala actitud sólo causará demora y Dios tendrá que seguir trabajando en tu corazón para que llegues a ser la persona quien Él quiere que seas. Recibe este consejo de alguien quien ha pasado por esto. Es mejor esperar, tener ilusión, orar y confiar en Dios y en la manifestación de Sus promesas en tu vida. Quejarse y tener una mala actitud hacia Dios no producirá los resultados que buscas. Tener un corazón agradecido, aun cuando no entiendes el proceso moverá a Dios actuar en tu situación.

En estas estaciones, cuando es más difícil estar en adoración, hazlo de todos modos. Si todo lo que puedes hacer es levantar una mano, levántala y dile: "Señor, no me siento con ánimo de adorarte en medio de esta prueba, pero Tú vales la pena". No adoramos a Dios porque las cosas son maravillosas en nuestra vida y en nuestro mundo; Le adoramos a pesar de todo, porque Él es digno. Con frecuencia cuando adoramos a Dios, no tenemos el deseo de hacerlo. Adoración no es un sentimiento; es lo que Dios se merece. Adoración no tiene nada que ver con nuestras emociones pero tiene todo que ver con cómo demostramos nuestra confianza en Dios, sin importar lo que estamos enfrentando. Levantar una mano es un acto de rendirse a Su Señorío. Al hacer esto descubrirás que elevando la segunda mano e inclinando las rodillas será mucho más fácil porque reconoces que Él es un Padre fiel.

Transformando La Adoración

En el capítulo 5 de Marcos, Jesús se encontró con un hombre quien estaba completamente endemoniado. Pero incluso en su estado de demencia, el hombre vino y cayó a los pies de Jesús en adoración.

Cruzaron el lago hasta llegar a la región de los grásenos. Tan pronto como desembarcó Jesús, un hombre poseído por un espíritu maligno le salió al encuentro de entre los sepulcros. Este hombre vivía en los sepulcros, y ya nadie podía sujetarlo, ni siquiera con cadenas. Muchas veces lo habían atado con cadenas y grilletes, pero él los destrozaba, y nadie tenía fuerza para dominarlo. Noche y día andaba por los sepulcros y por las colinas, gritando y golpeándose con piedras. Cuando vio a Jesús desde lejos, corrió y se postró delante de él. ¿Por qué te entrometes, Jesús, Hijo del Dios Altísimo? gritó con fuerza. ¡Te ruego por Dios que no me atormentes! Es que Jesús le había dicho: "¡Sal de este hombre, espíritu maligno!" ¿Cómo te llamas? le preguntó Jesús. Me llamo Legión

respondió, porque somos muchos. Y con insistencia le suplicaba a Jesús
que no los expulsara de aquella región. Como en una colina estaba
paciendo una manada de muchos cerdos, los demonios le rogaron a Jesús:
Mándanos a los cerdos; déjanos entrar en ellos. Así que él les dio permiso.
Cuando los espíritus malignos salieron del hombre, entraron en los
cerdos, que eran unos dos mil, y la manada se precipitó al lago por el
despeñadero y allí se ahogó.
Marcos 5:1-13 (NVI)

Esta escritura nos muestra que se le adora a Jesús, incluso por aquellos que no lo afirman como su Señor. Lo que podemos extraer de esta historia es que hay poder en el nombre de Jesús, y los espíritus malignos lo reconocen y también están sujetos a Él. Estoy convencida de que cada lugar que visitó Jesús mientras estaba en la tierra era un lugar decretado. Él fue ordenado estar allí en el momento adecuado para hacer una diferencia en las vidas de las personas que conoció. La reunión con este hombre poseído por el demonio fue un encuentro decretado. Dios había asignado específicamente que Jesús cruzara con este hombre quien estaba en una situación desesperada. Al dejar el hombre libre, Dios demostró que todo poder es Suyo sólo y que todo en el cielo y la tierra están sujetos a Él.

Como vemos en esta historia, vemos otra vez el amor y la compasión del Padre por el perdido. La región de los gadarenos se encontraba cerca de la costa del este por el mar de Galilea. La mayoría de la gente de la región eran campesinos gentiles que criaban cerdos. Los cerdos eran considerados inmundos por los judíos quienes nada querian con ellos. Tan pronto como Jesús pisó fuera del barco, una de las primeras personas quien lo recibió fue un hombre que vivía entre las tumbas. El hombre vivía allí porque estaba totalmente poseído por el diablo y no podía vivir en un ambiente normal con otras personas. Las tumbas donde vivía estaban en cuevas. Apenas podemos empezar a imaginar la condición de la vida del hombre. Se encontraba mentalmente inestable porque el enemigo tenía control total de su mente. No actuaba normalmente y, por lo tanto, vivía en las cuevas. Más probable es que quienes se encontraban con él se atemorizaban y como resultado vivía en un lugar donde muy poca gente se atrevía a entrar. Este hombre vivía en la oscuridad porque su alma estaba habitada por la oscuridad. En la oscuridad de su alma y en el oscuro lugar donde vivía estaba ausente la luz de Dios. Cuando la luz del Hijo no está en nuestras vidas, nos perdemos y podemos ser poseídos y perjudicados por el diablo. Necesitamos a Jesús, la Luz, que llena nuestros corazones, por lo que el diablo no tiene ningún punto de entrada. La luz y la oscuridad no pueden existir juntas. La luz siempre disipa y superar la oscuridad.

La Biblia no nos dice cómo el hombre llegó a ser tan poseído por el diablo. Lo que es evidente es que se abrió una puerta en su vida que permitió que el enemigo tuviera acceso a él. Esta puerta pudo haber sido abierta por él mismo a causa del pecado o podría haber sido un pecado generacional que abrió la puerta en su vida. Cualquiera que haya sido la causa, estaba totalmente poseído. Nadie podía contenerlo. Él tenía una fuerza increíble y destruía los grilletes y las cadenas que lo ataban.

Una cosa está clara; este hombre estaba en una situación desesperada. Día y noche gritaba porque estaba tan atormentado. Él mismo se cortaba con piedras, seguramente intentando anestesiar su dolor. Considera conmigo el amor que el Padre tenía para este hombre que llegaría a él en medio de su tormento. Dios al escuchar sus gritos, envió al Libertador quien inicialmente fue enviado al pueblo judío y no a la raza gentil. Recuerda que esta región donde Jesús estaba era habitada por gentiles. Es evidente que Jesús salió fuera de su lugar para cruzarse con este hombre para traerle liberación. La Biblia nos dice que Jesús siente nuestras debilidades (Hebreos 4:15). Él siente, porque el Padre en el Cielo está en contacto con nuestras debilidades.

En medio de su tormento, el hombre reconoció su día de liberación. Reconoció a Jesús desde una gran distancia y corriendo partió de las tumbas y la oscuridad para recibir la Luz. El hombre no fue casual en su manera de acercarse a Jesús; él utilizó su fuerza para llegar a él. Su acción en correr hacia Jesús habla de su desesperación y necesidad. ¿Cómo es que este hombre poseído por demonios reconoció a Jesús? Los malos espíritus quienes vivían en él conocían al Hijo de Dios porque anteriormente vivieron en el cielo y sirvieron como ángeles antes de ser expulsados junto con el diablo.

Lo primero que hizo el hombre fue arrodillarse ante los pies de Jesús. Él entró en adoración! En medio de su tormento, con todos los espíritus malignos viviendo en él, no pudo evitar doblar rodilla al Único Verdadero Rey. Los malos espíritus quienes lo tenían atormentado durante todos esos años no pudieron detenerlo de arrodillarse ante el Maestro. Luz entró en su mundo oscuro y el reconoció la Verdadera Luz. No sólo reconoció la luz, él respondió a ella.

Ahora considera que por muchos años este hombre no podía controlar sus acciones y estaba sujeto a los deseos de los espíritus malignos que lo poseían, sin embargo, cuando Jesús entró a la escena, los espíritus no pudieron detenerlo. No pudieron controlar la reacción del hombre al presentarse el Salvador. Los espíritus malignos tuvieron que arrodillarse ante el Único quien tenía todo el poder y autoridad en Sus manos. El hombre al ponerse de rodillas ante Jesús, uno de los espíritus hizo una pregunta, "Que tienes tú que hacer conmigo, Jesús, Hijo del Dios Altísimo?" Él usó el título completo de Jesús. Anteriormente dije que los espíritus reconocían a Jesús porque habían servido al Dios Altísimo. Recordarás que cuando el diablo decidió desafiar a Dios intentando tomar Su Trono, Dios lo lanzó a él y a un tercio de los ángeles del cielo. Estos ángeles se convirtieron en los malos espíritus que ahora vagan por la tierra y sirven al diablo. Intentan oponerse a

Dios y donde ven una apertura, tratan de apoderarse de una persona y la convierten en loco, mudo e incluso ciego. Su control puede ser tan profundo que la persona puede llegar a ser suicida.

El espíritu maligno que habló le rogó a Jesús que no lo atormentara. Este hombre estaba poseído por lo menos con 2,000 demonios debido que era el número total de cerdos en donde entraron después de que Jesús los expulsó. Aunque él estaba poseído por muchos espíritus malignos, un espíritu parecía ser el líder, el portavoz. Después de reconocer a Jesús, el demonio hizo la petición a Jesús que no lo atormentara. ¿Cómo era el mal espíritu atormentado por Jesús? La brillantez y el poder de Su presencia eran muy grandes para él. Donde hay luz se expondrá cada cosa mala y estos espíritus estaban expuestos. Ellos sabían que no tenían ninguna opción sino salir de este hombre, porque toda la autoridad y el poder estaban en manos de Jesús. Todavía no estaban listos para salir de la "casa" en donde habían vivido por años pero no se les doy a escoger. Cuando tengas un encuentro con Jesús serás cambiado no importando que espíritu te controle.

Los espíritus del mal entendían que después de su expulsión tendrían que darle cuenta a su líder, el diablo. Estoy convencida de que ellos no deseaban explicar el por qué no pudieron permanecer en el hombre. Sería una tarea desagradable. Me imagino el miedo que iban a sentir al enfrentarse con el diablo y decirle que Jesús, el Hijo del Dios Altísimo se presentó y les ordenó que salieran fuera. Fue un recordatorio al diablo que había Uno mayor y más poderoso que él. Control del diablo sobre el pueblo en esa región se rompió porque Jesús llegó y dio libertad a los cautivos. Por lo tanto, la gente sabía que había un Libertador en la tierra. No he encontrado muchos casos en la Palabra donde Jesús tuvo conversaciones con los espíritus malignos. Generalmente los manda fuera y se van.

Sin embargo, en esta historia, Jesús preguntó el nombre del espíritu. El espíritu dijo que su nombre era legión, porque eran muchos. Jesús, con esta pregunta, nos da discernimiento a lo que ocurre no sólo en el mundo espiritual, sino también en las vidas de aquellos quienes son poseídos por el enemigo. Al encontrarnos con personas que necesitan sanidad, debemos probar y averiguar el origen del problema si es posible.

Muchas dolencias físicas pueden ser un resultado directo de una actividad demoníaca. Al preguntarle al espíritu cuántos de ellos estaban en el hombre, Jesús ya sabía la respuesta pero nos estaba dando un ejemplo para seguir. No podemos asumir que solamente estamos tratando con un espíritu malo en la vida de una persona, ya que otros pueden estar presentes. En una ocasión alguien me dijo que cuando conoces a una persona que está poseído de demonios e inmediatamente puedes discernir qué espíritu está obrando en esa persona, asegúrate y pídele a Dios que revele todas sus actividades, ya que generalmente hay más espíritus escondidos detrás del que está visible. Esto es exactamente lo que hizo Jesús al preguntar el nombre del espíritu maligno.

Vio la horrible condición del hombre y sabía que tenía que haber más de un espíritu obrando en él. Puesto que los espíritus del mal no tenían ninguna opción más que salir fuera, le rogaron ser enviados a los cerdos. Jesús dio Su permiso, sabiendo que al final los cerdos, ellos mismos, se ahogarían. Piensa en esto por un momento. Si en cada uno de los dos mil cerdos solamente entró un espíritu maligno, y todos huyeron por la montaña y se ahogaron a sí mismos, cómo fue posible que un hombre fuera capaz de mantenerse con vida con todos esos malos espíritus dentro de él? La respuesta es sencilla. Dios! Dios lo sostuvo, incluso en su estado atormentado hasta que vino el Libertador, porque esto demostraría Su poder a la gente. Cuando Jesús vino el hombre reconoció que su ayuda había llegado y él no se quedó atrás. Corrió con todas sus fuerzas hacia Él y recibió su libertad.

Jesús es nuestro Libertador y Sanador. Cuando Él libera y sana, Él siempre presenta la evidencia que estamos libres. Nos sentiremos libres de dolor en nuestros cuerpos, y nuestras mentes serán libres de todo tormento. Al presenciar este hombre el ahogamiento de los cerdos, Jesús claramente le mostró que él estaba de hecho libre de toda posesión demoníaca. Si los espíritus malignos trataran de nuevo entrar al hombre o ponerlo a prueba, diciéndole que no era libre, habría un recordatorio visible de los cerdos. Él recordaría que los cerdos llegaron a ser tan abrumados con la posesión demoníaca que se mataron. Esta demostración era un marcador en su vida que Jesús lo había liberado totalmente, así como una advertencia a no volver a enredarse de nuevo con lo que, en primer lugar, causó el problema.

La Comisión

Justo antes de que Jesús ascendió al cielo, Él había comisionado a de todos los creyentes. Según Marcos 16:17-18, "Y estas señales acompañarán a los que crean: En mi nombre expulsarán demonios, hablarán en nuevas lenguas, tomarán serpientes en sus manos, y si beben algo mortífero, no les hará ningún daño; impondrán las manos sobre los enfermos, y sanarán." Mi propósito en el intercambio de esta escritura es resaltar lo primero que Jesús mencionó en la gran comisión. Les dijo primero que expulsarán demonios. Creo que el mensaje para nosotros es que si no expulsamos demonios, la gente no será capaz de conservar su libertad y su curación. Dios dio instrucciones similares a los Israelitas en Números 33:55. Los Israelitas debían despojar a los habitantes de la tierra que Dios les dio como su posesión. Primero debemos asegurarnos que han quedado limpios los corazones y las mentes de la gente, por lo que el diablo ya no puede afianzarse en sus vidas. Jesús nos dice que expulsemos al diablo. Él quiere que seamos libres del acoso constante y del tormento. No quiere que nuestras mentes y emociones estén controladas por el capricho del diablo. Él sabe que si seguimos viviendo de acuerdo con el diablo en última instancia nos destruirá.

Al liberar a este hombre, Jesús demostró el deseo de Dios para traer libertad y sanidad a todas las personas. Dios no es parcial en su amor por la humanidad. Aunque inicialmente Él envió a Jesús al pueblo judío, después incluyó a los gentiles, nosotros, haciéndonos partícipes de las bendiciones de ser Sus hijos. En última instancia experimentamos libertad cuando nuestras mentes se liberan de las garras del enemigo. Debemos expulsar al enemigo y los espíritus malignos fuera de nuestras vidas, de nuestras iglesias, de nuestras ciudades y de nuestras naciones mediante el poderoso nombre de Jesús y la autoridad que Él nos ha dado. Al mirar a tu alrededor, seguramente puedes ver que el enemigo tiene mucha gente en sus garras. Incluso aquellos que profesan ser cristianos, que se traduce en "Cristo Uno", están atrapados en la trampa del enemigo porque han creído sus mentiras. Las atrocidades que vemos en nuestro mundo se están cometiendo por el diablo y los espíritus malignos.

El diablo está decidido a destruirnos y a destruir nuestra relación con Dios. Las mentiras y sugerencias destructivas que el enemigo susurra en tus oídos están diseñadas para alejarte de la presencia de Dios. No te dejes engañar o descarriar por el diablo. Cuando pienso en la terrible pena del pecado y la muerte de Jesús en la Cruz, me recuerda que Dios no habría enviado a Su Hijo amado para pagar un precio exorbitante si tú y yo podríamos continuar viviendo una vida pecaminosa y aún heredar Su Reino. El sacrificio de Jesús se desperdiciaría si se nos permite el acceso a cielo y la vida eterna mientras continuamos en el pecado habitual. El diablo ha perpetuado la mentira de que podemos vivir vidas impías, inmorales y aún entrar en el Reino de Dios, y muchos están cayendo en esta mentira.

Recuerda, en Lucas 11:15-20, Jesús es acusado falsamente de ser poseído por el diablo. Cuál fue su respuesta? "Todo reino dividido contra sí mismo, es asolado; y una casa dividida contra sí misma, cae. Y si también Satanás está dividido contra sí mismo, ¿cómo permanecerá en pie su reino?, ya que decís que por Beelzebú echo yo fuera los demonios. Pues si yo echo fuera los demonios por Beelzebú, ¿por quién los echan vuestros hijos fuera? Por tanto, ellos serán vuestros jueces. Más si por el dedo de Dios echó yo fuera los demonios, entonces el reino de Dios ha llegado a vosotros." Este pasaje hace una clara distinción entre Dios y Satanás. Si tratamos de servir a Dios y al diablo, no tendremos éxito porque se dividirá nuestra lealtad, y división causa destrucción.

Cuando verdaderamente servimos a Dios, cuando Él tiene todo nuestro corazón, alma y mente, deseamos hacer sólo lo que Él nos ordena hacer. Si nuestra lealtad está dividida, no seremos capaces de pararnos firme en contra el mal que nos rodea. Si nosotros no estamos totalmente y completamente dedicados a Dios, no podremos pararnos firme y apoyarlo. Tú no puedes ganar si Dios está contra ti. Dios hace esta pregunta, "Si Él está contigo quien puede estar contra ti?" Nadie! Dios estuvo con el hombre endemoniado y ni el diablo y miles de malos espíritus pudieron destruirlo. Dios está contigo. Él está contigo en tus luchas. El oyó los gritos del hombre endemoniado y envió al Libertador y Sanador. Él siempre te responderá y te enviará ayuda.

Lecciones Que Debemos de Vivir

- Dios siempre oye tu grito pidiendo ayuda.
- Él está contigo durante las crisis de la vida.
- Él siente tus enfermedades.
- Él quiere liberarte.
- Él permitirá que otros sean testigos de tu victoria.
- Él es tu Libertador.
- Él está siempre presente para ayudarte en momentos de apuro.

- Adóralo, incluso cuando no tengas ánimo porque al hacerlo la carga sobre tus hombros será eliminada.

Una Escritura para Sanidad – 3 Juan 1:2

Padre, en el nombre de Jesús, te doy las gracias por Tu promesa en 3 Juan 1:2, que dice, "Amado, yo deseo que tú seas prosperado en todas las cosas, y que tengas salud, así como prospera tu alma." Padre, gracias que es Tu deseo que prospere en todas las áreas de mi vida. Tu deseas que yo prospere (tenga salud) en mi mente, alma, emociones, cuerpo, y espíritu. Hoy recibo Tu prosperidad en mi vida entera, en el nombre de Jesús.

Amén!

Sanando un Siervo Amado

⁓

Has tenido alguna vez un amigo cercano que desea lo mejor para ti? Ha apoyado e irían a cualquier extremo para que prosperes y tengas éxito. Ha sido tu porrista, tu defensor, y quien te alienta dentro de todas sus luchas. Cuando querías rendirte y darte por vencido, estaba allí para recordarte que tu resultado iba ser grande, porque Jesús ya te había entregado la victoria. Cuando tienes a alguien así en tu esquina es imposible no tener éxito.

En Lucas 7, encontramos la historia de un oficial romano que hizo todo lo que pudo por conseguir ayuda para un siervo amado. El siervo no era un amigo cercano o un miembro de la familia; él era a quien servía a este oficial. Me atrevería a decir que el siervo debe haber sido una persona excepcional, porque él era respetado por aquellos a quienes él servía. El oficial romano estaba preocupado por el bien estar del siervo y deseaba que sanara. Este oficial romano estaba a cargo de más de cien soldados; sin embargo se tomó tiempo de sus muchas ocupaciones para velar por este siervo quien significaba mucho para él. Este ejemplo habla de la devoción del siervo hacia aquellos quienes servían, y cómo por esta devoción, se ganó sus corazones y su respeto.

Dios nos da la oportunidad de brillar en cada tarea que nos asigna. Dentro de cualquier situación en la que te encuentres, siempre habrá momentos de prueba para ver que sale de tu corazón. No creo que muchos de nosotros, incluyendo a esta servidora, gastaríamos voluntariamente nuestros días sirviendo a otros en lo que algunos en nuestra sociedad consideran la más baja de vocaciones si hubiera otras opciones. Sin embargo, en esta posición humilde este siervo brilló. Su servicio era tan extraordinario que cuando llegó a estar enfermo, su líder hizo todo lo posible para asegurarse de que él sanara. Examinemos la escritura para ver qué era lo que estaba dentro del corazón del oficial romano hacia su siervo.

Después que acabó de dirigir todas estas palabras a los oídos del pueblo, entró en Capernaúm. Estaba enfermo y a punto de morir el siervo de un centurión, a quien éste apreciaba mucho. Habiendo oído hablar de Jesús, envió adonde él estaba unos ancianos de los judíos, para rogarle que viniese a sanar a su siervo. Éstos se presentaron a Jesús, y le rogaban con insistencia, diciendo: Es digno de que le concedas esto; porque él ama a nuestro pueblo, y él mismo nos ha edificado la sinagoga. Iba Jesús con ellos, y cuando ya no estaba lejos de la casa, el centurión envió a él unos amigos, diciéndole: Señor, no te molestes más; pues no soy tan importante como para que entres bajo mi techo; por lo cual ni me consideré a mí mismo digno de venir a ti; pero dilo de palabra, y mi siervo será sano. Pues también yo soy un hombre puesto bajo autoridad, y tengo soldados bajo mis órdenes; y le digo a éste: ¡Ve!, y va; y a otro: ¡Ven!, y viene; y a mi siervo: ¡Haz esto!, y lo hace. Al oír esto, Jesús se quedó maravillado de él, y volviéndose, dijo a la multitud que le seguía: Os digo que ni aun en Israel he hallado una fe tan grande.
Lucas 7:1-9 (RVR1977)

Jesús había terminado ministrando y compartiendo algunas parábolas maravillosas con Sus seguidores y a la conclusión de Su enseñanza decidió viajar a Capernaúm. Cuando llegó a Capernaúm, se encontró con este soldado y la gente quienes querían la sanidad de este siervo.

En esta historia en Lucas 7, vemos a un siervo que era amado por su amo y quienes lo rodean. También encontramos a un centurión que parecía tener una buena relación con los ansíanos judíos y que los envió a Jesús a causa de su preocupación por la salud de su siervo. Estos judíos tenían en alta estima al centurión, que era raro porque estos soldados romanos eran generalmente brutales con las personas y demostraban una falta de misericordia hacia los hombres, mujeres y niños. Los ancianos judíos le dijeron a Jesús que el oficial romano era digno de hacer esta petición dirigida a Él. Es evidente que el oficial había impactado las vidas de la gente judía en gran manera. Había edificado una sinagoga para que adoraran aunque él no tenía ninguna relación personal con Dios.

Esta historia es un recordatorio de que Dios siempre está obrando en los corazones de hombres y mujeres. Aquellos que parecen ser los más difíciles de alcanzar con el amor de Jesús se entregan cuando Dios comienza a romper lugares impenetrables y duros en sus corazones. Cuando pensamos en nuestros seres queridos quienes deseamos entrar en una relación con Jesucristo, a veces podemos sentirnos sin esperanza, pero Dios es fiel para llevar esto acabo. Dios es capaz de llegar a aquellos quienes parecen tener ningún conocimiento de Él. Proverbios 21:1 dice que así está el corazón del rey en la mano de Jehová; adonde quiere lo inclina. Dios es quien cambia los corazones de tus familiares. Él promete en Hechos 16:31 que serás salvo tú y tu casa. Como Él lo ha prometido, puedes asegurarte que Él los traerá a la salvación. Todas Sus promesas para nosotros son sí y amén.

En la historia de la devoción del oficial romano, es evidente que vio algo de gran valor en el criado, así como en los ancianos judíos. Lo que vio en ellos había ablandado su corazón hacia ellos. La sinagoga que él había construido para los judíos era uno de los lugares donde Jesús frecuentemente enseñaba la palabra cuando estaba en Capernaúm. En Marcos 1:21-25, Jesús curó a un hombre poseído por demonios en esta sinagoga. Estoy convencida de que el soldado escuchó el informe de Jesús y su obra entre los judíos. El soldado se hizo amigo de los judíos, que era muy diferente de lo que habían hecho los otros soldados. A través de su relación con ellos oyó acerca de Jesús y los milagros que Él realizaba en la vida de tantas personas y por esta razón envió por él.

El valor que el siervo tenía para el oficial era el de un hijo amado y no un criado y por esta razón hizo lo que pudo para ayudarle. El oficial no tenía la actitud de que si el siervo moría, él podría encontrar un mejor reemplazo. El siervo no era fácil de reemplazar en los ojos de su amo. Quería que su siervo estuviera bien, no sólo para continuar en su servicio, sino porque era una persona valiosa y amada.

Piensa en la declaración anterior, ¿qué valor colocas en tus familiares o tus seres queridos? Cuál es el valor de aquellos quienes te sirven, ya sea en tu hogar o en el trabajo? Los vez por quienes son realmente, preciosos a los ojos de Dios, o son fácilmente reemplazables para ti? He encontrado que muchos de nosotros no ponemos un valor muy alto sobre las personas que Dios ha puesto en nuestras vidas.

Hace varios años el Señor me dio un mensaje para presentar en un estudio bíblico sobre el valor de los miembros de nuestra familia. Antes de enseñar el mensaje, me hizo observar cómo personas actúan en la iglesia, con sus hermanos y hermanas en Cristo y con los extraños. Son generalmente amables, cariñosos, alentadores y a veces, pueden sobre pasarse tratando de ser útiles. En el asesoramiento de algunos de los familiares de estas personas, cónyuges, e hijos, encontrarás que la historia es completamente diferente en su casa con sus seres queridos. A menudo algunos de estos individuos que parecen ser útiles para otros pueden ser impacientes, duros, críticos y antipáticos hacia sus seres amados.

Dios me dio la tarea de retar a cada persona a tomar en cuenta que su cónyuge y sus hijos son regalos de Dios, sólo son prestados para un tiempo corto mientras estamos en la tierra. Luego compartió conmigo que para los creyentes no hay matrimonios en el cielo y que seremos como los ángeles (Mateo 22:30). Con esa imagen en mente nos recuerda que todos somos hermanos y hermanas en Cristo. Nos presenta con un reto de ver cómo es que tratamos a nuestros hermanos y hermanas quienes viven en nuestras casas y sirven en nuestros trabajos. Pregunta por qué damos mayor honor a aquellos en la iglesia que a los de nuestros hogares. Nos recuerda que todos somos uno en Cristo Jesús y que cuando lleguemos al cielo nuestros familiares quienes tratamos injustamente sólo tendrán el papel de ser nuestros hermanos y hermanas en Cristo. Para los cristianos esta es la relación final y debe hacernos recordar que honremos a aquellos a quienes Él honra y amemos y respetemos a aquellos a quienes Él ha puesto en nuestras vidas. Jesús es nuestro hermano mayor y somos coherederos con Él.

El siervo no era parte de la familia del centurión pero de todos modos lo honró. La atención del centurión para su siervo habla de su devoción hacia quien era considerado el menos valioso en su casa. Este es el nivel de respeto que Dios quiere dar a la gente.

La Petición

Recuerda que el oficial romano envió a los ancianos judíos a pedirle a Jesús que fuera a curar su siervo; Él comenzó su viaje al hogar. Mientras Jesús estaba a poca distancia, el centurión envió a algunos de sus amigos para decirle a Jesús que no era digno para que viniera a su casa. Podemos sentir y ver la confusión que debe haber tomado lugar en la mente y en el corazón de este oficial. El oficial sentía que no era dingo de que Jesús entrara a su casa. Probablemente pensó en todos los males que había cometido y concluyó que puesto que Jesús era Todopoderoso, Él estaba muy consciente de sus pecados. Como con muchos de nosotros, el enemigo acosó la mente del oficial recordándole sus acciones, pecados y ofensas del pasado. Entre más reflejaba el funcionario sobre sus defectos, más indigno se sentía, y esto lo llevó a decirle a Jesús que no viniera aun cuando la distancia era corta.

Me recuerda al profeta Isaías quien nos dice en Isaías 6:1-8 también descubrió algunas cosas acerca de sí mismo después de que murió su rey terrenal. Isaías vio al Señor claramente por primera vez y cuando él estuvo cara a cara con Él, recordó que él y la gente alrededor de él eran tan pecaminosos y se sintió indigno de estar en la presencia del rey.

Cuando realmente reconocemos quién es Jesús, hacemos memoria de quiénes somos y cómo éramos indignos antes de que Él nos salvara y cambiara. Como Isaías y el oficial romano, debemos examinar nuestros corazones para asegurarnos de que el Rey Jesús es bienvenido en cualquier momento. Debe ser nuestro mayor deseo que Jesús sea bienvenido en nuestras vidas para que Él pueda tener libertad para reinar plenamente en nosotros.

En primer lugar el oficial envió a los ancianos judíos para traer a Jesús a su casa, pero cuando él cambió su mente después de sentirse indigno, él no envió a los ancianos; llamó y envió a sus amigos. Vamos a examinar esto. Por qué envió a sus amigos en lugar de los ancianos a Jesús? Tendría que darles una razón por haber cambiado su decisión. Sería algo difícil para el oficial compartir con extraños que no se sentía digno de conocer a Jesús cara a cara, aunque era un líder de muchos. Esto expondría sus inseguridades y él no estaba dispuesto a hacerse vulnerable ante extraños.

Cuando nos sentimos inseguros es más fácil compartir estos sentimientos con familiares y amigos en lugar de extraños. Verdaderos amigos no juzgan pero nos animan cuando nos sentimos más vulnerables. Este oficial no es diferente a nosotros. Fue con quienes cubrirían sus debilidades y quienes entenderían su malestar. Rara vez compartimos nuestras luchas con personas con las que no estamos en una estrecha relación, porque no estamos seguros de su respaldo y si nos darán valor cuando lo necesitamos más. Quienes verdaderamente nos aman suelen escuchar y no ser tan prejuiciosos o críticos en medio de la incertidumbre. Sus amigos lo comprendían e hicieron el viaje para reunirse con Jesús.

La Respuesta

He dicho antes que Jesús, al oír la petición, comenzó el viaje a casa del centurión. Él había escuchado las preocupaciones de los ancianos judíos y fue movido a ir y sanar al siervo. Yo amo a Jesús porque Él no hace excepción de personas. No importa quién expresa su necesidad a Él, siempre está disponible para ellos. Él es rápido para responder al enterarse de que el siervo necesitaba sanidad. No fue dado el nombre del siervo, pero su situación en la vida era clara. Esto no impidió a Jesús. Jesús tiene respeto para todas las personas y trata a quienes tienen influencia y posición de la misma manera de los que no tienen ninguno. Él ama y sirve igualmente a todas las personas.

Cuando los amigos del centurión llegaron a Jesús le dijeron del cambio en el corazón del oficial y compartieron estas palabras de parte de su amigo. El oficial dice así, "Sólo di la palabra, y mi siervo será curado. Porque yo soy hombre bajo autoridad, con soldados a mi cargo. Digo a éste ve, y va, y a otro ven y viene. Le digo a mi siervo has esto y lo hace." Al oír estas palabras, Jesús se asombró y compartió su asombro con la multitud. Jesús escuchó algo extraordinario en las palabras del centurión. Al fin había encontrado a alguien quien entendía lo que era la autoridad. Primeramente este oficial comprendía exactamente lo que era estar bajo la autoridad de sus líderes y, después, lo que era tener la autoridad sobre aquellos a quienes estaban bajo su mando.

Jesús se maravilló que Él no había encontrado una fe tan grande en la gente judía o sus líderes. En ninguna parte en Jerusalén había conocido a alguien antes de este oficial que entienda el poder de obrar con autoridad. El oficial entendía totalmente que cuando tienes autoridad sobre cualquier cosa, está sujeto a ti.

Junto con lo que han puesto bajo tu carga, sea ser líder de un equipo de personas, supervisar un proyecto, dirigir una empresa, crear hijos o instruir alumnos, etc. se te ha delegado autoridad, así que tu puedes tomar decisiones e imponer reglas que la gente debe de aplicar a sus vidas. Aquellos que no entienden la autoridad nunca lograrán todo lo que ha sido asignado a ellos. Muchas veces las personas son tímidas para moverse en cualquier dirección debido al temor de no hacer la decisión correcta. En otras ocasiones les damos títulos pero no les damos la autoridad de tomar las decisiones apropiadas cuando es necesario. Como consecuencia esto puede hacer un líder tímido y vacilante acerca de seguir adelante o incluso temeroso de cometer errores cuando está obligado a dirigir. En estos casos el líder puede aparentar ser incierto e inseguro a quienes encabeza y puede causar una falta de respeto hacia el líder.

Cuando se te ha dado autoridad y sabes que tienes el respaldo apropiado no tendrás dudas en probar cosas nuevas o en moverte en una nueva dirección. Personas, como este oficial que comprendió quién era, cuál era su papel, y quienes fueron asignados para servirle, siempre tendrán éxito porque pueden tomar decisiones y crecer y florecer en su tarea.

Con los años he servido en un número de organizaciones así como en diversos cargos directivos y he presenciado el abuso de autoridad. He visto muchos casos donde las personas reciben autoridad para conducir a los demás y no tienen incluso las habilidades básicas necesarias para conducir a la gente. Como resultado su liderazgo es paralizante a quienes sirven con ellos. Siempre me sorprende cuando me encuentro gente en puestos que no saben lo primero sobre ponerse en pie y defender firmemente a su equipo. No entienden acerca de tomar responsabilidad cuando algo sale mal con una asignación dada a uno de sus integrantes. En lugar de entender que los éxitos y fracasos del equipo son sus éxitos y sus fracasos, he visto muchas ocasiones en donde el líder culpa exclusivamente a la persona que no pudo hacer el trabajo correctamente. Él no se da cuenta de que en el análisis final, como líder, el es responsable del resultado de cualquier proyecto asignado a aquellos a quienes dirige.

El oficial comprendió su responsabilidad hacia su siervo. Su autoridad fue dada a él, y como resultado, él entendía la autoridad que fue dada a Jesús por Dios el Padre. Jesús tenía autoridad para hablar Palabra sobre cualquier cosa en la tierra, y le obedecía. Jesús se maravillaba con el entendimiento de este hombre, su nivel de fe y su confianza en la Palabra hablada. Descubrió una fe profunda en un hombre que no conocía a Dios el Padre, quien tiene toda autoridad en Sus manos. El oficial instintivamente sabía que Jesús solo tenía que enviar Sus palabras y el siervo sanaría. Jesús no tenía necesidad de ver al criado para tocarlo y orar por él para que el milagro se realizara. La autoridad en Sus palabras eran respaldadas por el cielo y todo bajo el sonido de la voz de Jesús tenía que responder a esa autoridad y alinearse con Sus palabras habladas. Jesús, por lo tanto, no continuó a la casa sólo habló la palabra que trasciende tiempo y espacio y trajo vida al cuerpo del siervo.

El oficial entendía lo que era la autoridad, y por esto, las cosas que había oído acerca de Jesús lo hicieron reconocer que Jesús era el Único quien tenía la autoridad verdadera en Sus manos. La fe del centurión trajo sanidad a su siervo y proporciona un testimonio para nosotros que nuestra fe siempre puede producir resultados.

La Autoridad del Creyente

Hay un alto nivel de autoridad en que cada creyente puede y debe de operar. En este nivel de autoridad podemos ser como Jesús en el sentido que cuando hablamos, el cielo nos apoya y todo en la tierra se alinea con nuestras peticiones. El oficial romano recibió la victoria y experimentó personalmente el poder de Jesús porque él entendía su propia autoridad. La Biblia no lo dice, pero yo estoy convencida de que el oficial romano llegó a conocer a Jesús como Mesías.

Como Hijo de Dios, se le ha dado toda autoridad a Jesús, y Él ha entregado esta autoridad a nosotros, los creyentes. Jesús entendía que Él estaba bajo la autoridad del Padre y funcionado enteramente en esa autoridad para llevar a cabo los planes de Dios en la tierra. Sólo dijo lo que oyó decir a Su Padre, y sólo hizo lo que vio hacer a Su Padre. Fue totalmente guiado por el Espíritu de Dios.

Jesús es nuestro ejemplo. Nosotros debemos de ser guiados por el Espíritu de Dios y la Palabra de Dios tal como fue Jesús cuando estuvo en la tierra. Como Sus creyentes debemos de comprender lo que Él nos ha entregado y empezar a ponerlo en operación. El centurión, no siendo judío y no siendo creyente, comprendió que Jesús tenía autoridad y poder para sanar al enfermo, limpiar al leproso, y dar libertad al cautivo, y actuó en esa creencia. Muchos creyentes todavía están luchando por entender y aceptar esto. Como resultado de esta falta de creencia, nuestra vida es impotente y somos, a menudo, ineficaces de frustrar los planes del enemigo y sus tácticas.

Al ver la sabiduría del centurión, vemos que él tenía gran entendimiento. Reconoció que la autoridad de Jesús no tenía fronteras. Por lo tanto, la autoridad del creyente es ilimitada.

Podemos utilizar el poder de Jesús y empezar a ver cambios en nuestras vidas y en las vidas de quienes nos rodean.

El desafío para todos los creyentes es simplemente hablar la Palabra y luego ver las manifestaciones de las sanidades. Debemos hablar la Palabra sobre la enfermedad, la falta, la deuda y cualquier otra situación que nos tiene en esclavitud. Mientras hablamos la Palabra, vida de resurrección se vierte en nuestras situaciones y libertad vendrá a nosotros. En Juan 11, Jesús habló la Palabra y Lázaro se levantó de entre los muertos. Las palabras que Él habló llegó más allá de los confines de la muerte, alcanzando en el reino sobrenatural y llamando al espíritu de Lazaro volver a su cuerpo. La palabra hablada, respaldada por la autoridad de Jesús, siempre producirá los resultados correctos en tu vida.

Debe haber sido una ocasión alegre para Jesús finalmente conocer a una persona en su viaje que tenía fe firme y completo conocimiento sobre cómo utilizar con eficacia su autoridad. Este era el momento perfecto para entregar el mensaje que había estado intentando de transmitir a sus seguidores que toda autoridad y poder estaba en Sus manos. Recuerda que El nos ha dado la autoridad para sanar enfermos, levantar muertos, limpiar leprosos, y dar libertad a los cautivos. Tenemos la autoridad de usar el nombre de Jesús, aplicar Su sangre sobre situaciones difíciles, y con valentía venir delante de Dios y hacer conocidas nuestras peticiones a Él.

Notaron que Dios no nos dijo el nombre o tipo de enfermedad que atacó al criado? Creo que no se nos dio un nombre para mostrarnos que incluso una enfermedad sin nombre debe inclinarse ante el nombre y autoridad del Señor Jesucristo. Las circunstancias difíciles en tu vida también deben inclinarse cada vez que se invoca el nombre de Jesús. Al comenzar a operar en nuestra autoridad, el cielo y el Infierno reconocerán que estamos ungidos y designados por Dios para ser más que vencedores en la vida.

Nuestra fe, junto con la autoridad dada a nosotros por Jesús, traerá sanación y plenitud a nuestra vida y salvación a muchos que necesitan encontrar al Salvador.

Lecciones Que Debemos de Vivir

- Tener un amor sincero hacia los demás traerá milagros a nuestras vidas.
- Dios no hace excepción de personas, El sanara donde haya fe.
- Se requiere fe de aquellos quienes desean ver milagros.
- Tenemos que entender la autoridad que tenemos en Cristo y empezar a operar bajo ella.
- Voluntariamente debemos salir de nuestra zona de confort para satisfacer las necesidades de los demás.
- Aunque nos sentimos indignos, Jesús nos ha hecho dignos a través de su sacrificio.
- Tener un corazón de humildad es el ingrediente para producir milagros.

Una Escritura Para Sanidad - Jeremías 33:6

Padre, te doy las gracias que Tu Palabra dice que traerás salud y sanidad a nuestras vidas. También prometes que no sólo nos sanarás, nos revelarás abundancia de paz. Te pedimos que nos sanes hoy and nos llenas de Tu paz maravillosa, en el nombre de Jesús.

Amén.

Sanidad que Conduce a la Adoración

~∞~

Te has preguntado acerca de todas las bendiciones que Jesús murió para darnos? Él no sólo vino para darnos vida eterna sino también a sanar nuestros corazones rotos. Su salvación no era en parte sino en su totalidad. Déjame explico esta afirmación. La palabra griega para la salvación es "Sozo". Sozo significa salvar, sanar, liberar, preservar, proteger, bien estar y hacer íntegro. Vaya! Jesús fue útil en su deseo de liberarnos no sólo del dolor físico sino también de las ataduras emocionales.

Cuando Él puso su rostro como pedernal todo el camino a la cruz (Lucas 9:51), Él sabía que tendríamos muchas dificultades para superar en nuestras vidas. Es muy difícil concentrarte en las cosas a las cuales ha sido llamado cuando estas sufriendo, ya sea en tu cuerpo o en tus emociones. Jesús provee sanidad para que caminemos en la libertad de las cosas que nos mantienen en esclavitud, somos capaces de servirle en plenitud de gozo. Él quiere librarnos de las trampas y del peligro que el enemigo ha puesto en marcha en el camino de la vida. Estas cosas pueden ser obstáculos en nuestro camino. Su intención es preservar nuestra cordura y proteger nuestros corazones y emociones de ser cautivados por el maligno. Provisiones que ha dado en Su Palabra protegen nuestro corazón y nuestras emociones. La Biblia dice que si pedimos en el nombre del Señor, seremos salvos (Romanos 10:13). Otra vez, nos hará Sozo, sanarnos, entregarnos, preservarnos y protegernos. La palabra es el antídoto para cada prueba que enfrentamos. He descubierto que hay una escritura, una respuesta, en la Biblia para cada dificultad que tú y yo tendremos que aguantar.

No sólo Jesús vino a salvarnos y librarnos del pecado y condenación eterna sino Él también cargó con nuestras enfermedades y males en la cruz. He leído que hay treinta y nueve causas de la enfermedad en la tierra, por lo tanto, para cada herida que Jesús llevo en su espalda, existe una para que seas sano. Al buscar a Dios para ser sano, recuerda que cada enfermedad y mal fue clavada en la cruz. Siempre que está bajo ataque mi cuerpo o mis emociones, rápidamente le recuerdo a Dios de las heridas que Jesús llevó, por lo que no tengo que soportar este sufrimiento. Recuerdo la corona de espinas que perforó su frente, y recuerdo que su intenso sufrimiento me da acceso a la sanidad de mi mente y de mis emociones. Es un Salvador increíble y qué regalo tan maravilloso es el de la sanidad de nuestras almas heridas. Él quiere que seamos sanos, y desea hacernos íntegros. Su deseo es que nada permanezca destrozado en nuestros cuerpos y en nuestras mentes. Jesús vino a reparar corazones y vidas quebrantadas.

En alguna ocasión has ministrado a alguien quien está en un dolor insoportable pero todavía da gloria a Dios? Yo lo he vivido y esa experiencia me dejó examinándome a mí misma para ver si fácilmente alabo a Dios en el dolor o si paso más tiempo quejándome en vez de alabar. Hace unos años fui a Jamaica a visitar a mi familia. Durante el viaje visité a mi tío que estaba muy enfermo y en constante dolor. Estaba conectado a todo tipo de aparatos con la esperanza de hacer menos su sufrimiento. Desde que yo era una niña, este hombre quien se casó con mi tía, fue un pastor que amaba ministrar la Palabra de Dios. Fui con la intención de animarlo en sus luchas, pero fui yo quien recibió el estímulo. Desde el momento en que entre en la casa, empezó a compartir la Palabra conmigo, junto con su amor profundo y constante hacia Cristo Jesús.

Durante las horas que pase junto a él, testificó de la manera como Dios lo salvó, de los cientos de personas que habían venido a la fe en Jesús como resultado por haber sido usado por Dios en su pequeña comunidad y los cientos más que tuvo el privilegio de bautizar en el nombre del Señor Jesucristo. En medio de nuestra conversación, él volteó hacia mí y preguntó, "Señorita, es usted salva, y conoce a Jesús? No fue tímido al hacerme esta pregunta pero era audaz y directo en su enfoque. Cuando respondí que en efecto era salva, comenzó a cavar más profundo para ver si yo estaba realmente entregada a Cristo y si vivía completamente para Él. Dio alabanza, adoración y acción de gracias a Dios por salvarlo y por usar su vida de manera profunda.

Con muy poca educación había aprendido de la Biblia y había enseñado a muchos. Sentado en su pequeña casa que estaba cayéndose en pedazos alrededor de él (estaba solo la mayoría de los días y de las noches porque su esposa, mi tía, había muerto muchos años atrás), habló de su deseo de conocer a su Salvador y de tener comunión con Jesús cara a cara. Me emocioné que en medio de este gran sufrimiento todo lo que hizo este hombre fue dar gloria a Dios. Incluso mientras escribo este segmento, estoy tan impactada por su historia que no puedo contener las lágrimas. Me reté a conocer y amar al Salvador con la misma profundidad y devoción como este gran hombre. Murió un año después de nuestra visita y sé que su recepción de parte del Salvador fue espectacular. Espero algún día verlo de nuevo en el cielo, porque él está definitivamente en mi futuro y no en mi pasado, porque era salvo. En su dolor y sufrimiento, él tomo tiempo para alabar a Dios.

Un Grito de Auxilio

Veamos un ejemplo en Lucas 17 de lo que sucede cuando alabamos a Dios dentro de nuestra crisis.

Yendo Jesús a Jerusalén, pasaba entre Samaria y Galilea. Y al entrar en una aldea, le salieron al encuentro diez hombres leprosos, los cuales se pararon de lejos y alzaron la voz, diciendo! Jesús, Maestro, ten misericordia de nosotros! Cuando él los vio, les dijo: Id, mostraos a los sacerdotes.
Y aconteció que mientras iban, fueron limpiados. Entonces uno de ellos, viendo que había sido sanado, volvió, glorificando a Dios a gran voz, y se postró rostro en tierra a sus pies, dándole gracias; y éste era samaritano. Respondiendo Jesús, dijo: ¿No son diez los que fueron limpiados? Y los nueve, ¿dónde están? ¿No hubo quien volviese y diese gloria a Dios sino este extranjero? Y le dijo: Levántate, vete; tu fe te ha salvado.
Lucas 17:11-19 (RVR1960)

Esta historia es un ejemplo perfecto de cómo a menudo descuidamos dar gracias por todas las cosas maravillosas que Dios ha hecho en nuestras vidas. Seguido oramos, pedimos, mendigamos y suplicamos por Su ayuda; sin embargo cuando Él se mueve en nuestras circunstancias, rápidamente le damos las gracias y luego continuamos con nuestras vidas ocupadas y olvidamos como Se movió con poder. Cuando Dios hace algo maravilloso en tu vida, jamás debes de olvidarlo. Se trata de un marcador, un conmemorativo de sus promesas que se cumplen en tu vida. Creo que deberíamos regresar a menudo y reflexionar sobre cómo Dios nos ha librado, nos ha provisto, y cómo ha sido nuestra ayuda siempre presente en momentos de apuro. La historia de estos diez leprosos enseña algunas lecciones valiosas para aquellos quienes quieren recibir todo lo que Dios desea depositar en sus vidas. Al leerlo, pídele al Señor que examine tu corazón y tus motivos.

Jesús iba en camino hacia Jerusalén cuando se encontró con los leprosos. Apenas había terminado de ministrar a sus discípulos acerca de tener fe del tamaño de un grano de una semilla de mostaza. Había hablado con ellos acerca de una relación amo-sirviente. Dijo que un siervo, no importando que tan duro hubiera trabajado, todavía se esperaba que sirviera a su amo aun antes de que el criado comiera. Jesús estaba compartiendo con sus discípulos que hay ciertas tareas que debemos de realizar. Estos deberes no son opcionales en nuestra vida; son obligatorias y deben de realizarse. Él dio un paso más. Dijo que una vez que el siervo ha servido a su amo, el amo no está obligado a darle las gracias porque el siervo simplemente está haciendo su trabajo. La responsabilidad del criado es entregarle un servicio razonable a su amo.

Nuestro servicio razonable hacia el Maestro es darle gracias no importando las circunstancias. Sus lecciones para sus discípulos y para nosotros es que cuando completamos las tareas que se nos han encomendado, solo estamos realizando lo que se nos asignó. A menudo nos olvidamos de que estamos obligados hacer cosas importantes con la vida que Jesús pagó un precio exorbitante para redimir. La Biblia dice que estamos comprados con un precio y nosotros debemos glorificar a Dios con nuestros cuerpos (1 Corintios 6:20).

Jesús compartió estas lecciones profundas de servicio con los discípulos justo antes de que se encontrara con los leprosos. Cuando los curó, y solo uno regreso para darle las gracias, que impactante debe haber sido el mensaje ya que estaba aún fresco en sus mentes. En esta enseñanza les enseñó acerca de la responsabilidad hacia los demás, la necesidad de perdón, operando en fe, y los peligros de ser atrapados en las obligaciones. Vamos a examinar el impacto de la lepra en la vida de una persona.

Previamente compartí que la lepra es una enfermedad de la piel que es contagiosa e incurable. Ataca el cuerpo entero. Cuando Jesús se encontró con estos leprosos, eran marginados en su sociedad. No eran permitidos vivir en el mismo hogar con sus familias, ni podían mezclarse con los demás. Como resultado, ellos vivían en una colonia de leprosos. La lepra causaba aislamiento de aquellos que sufrían. Cuando un leproso se retiraba de la sociedad, él o ella perdía todo; familia, trabajo, casa, posesiones y la dignidad. Una persona con lepra experimenta mucha vergüenza y pena. Para identificarse como leprosos, estas personas tenían que usar ropas rasgadas, su cabello tenía que estar descuidado, y era requisito cubrir la parte inferior de su cara. Si eso no fuera suficiente, tenían que gritar a gran voz, "Impuro, impuro", así la gente no se acercaba y posiblemente podían evitar contagiarse. Que doloroso y humillante que una vez fuiste parte de la sociedad y ahora eres un pariah.

Las familias de los leprosos no podían hablar con ellos cara a cara o incluso tocarlos. Puesto que la enfermedad era considerada inmunda, una persona judía no podía tocar a un leproso o serían contaminados como si habían tocado a una persona muerta. Se creía que la lepra era un signo de desaprobación de Dios sobre la vida de una persona.

Recuerdan que en Números capítulo 12, Aarón y Miriam comenzaron a hablar contra Moisés, porque se había casado con una mujer cusita? Ellos no aprobaban su elección de su esposa, porque los etíopes eran descendientes de Kusha conocido como Nubia del noreste de África. Las Naciones de África fueron identificadas con Cam, hijo de Noé, y son personas de piel oscuras. Es evidente que Miriam y Aarón estaban tratando con cuestiones de prejuicio contra la esposa de Moisés. Comenzaron a cuestionar si el Señor había hablado sólo a través de Moisés. Decían que Dios siempre había hablado con ellos. Aparentemente estaban preparando el escenario para derrocar a Moisés. Querían su posición de liderazgo; querían ser los que conducían las personas a Dios.

Dios estaba muy disgustado cuando escuchó esto, porque Él había nombrado a Moisés, y así intervino de una manera dramática. Dios les dijo a Moisés, Aarón y Miriam que vinieran a la tienda de reunión, y Él descendió en un pilar de nube. Dios vino personalmente a tratar con su rebelión y su falta de sumisión a la autoridad que había establecido sobre ellos. En su conversación, Dios dice algo profundo sobre Moisés. Les dijo que generalmente habla a los profetas en sueños y visiones, pero a Moisés le habla cara a cara porque Moisés fue fiel en toda su casa. Entonces Dios desafía a Aarón y Miriam sobre el por qué no tenían miedo de hablar contra Su siervo Moisés.

La Biblia dice que la ira del Señor estaba encendida contra ellos cuando salieron de Su presencia y la nube fue levantada, Miriam fue cubierta con lepra y era blanca como la nieve. Dios mostró su desagrado con ella. ¿Por qué Miriam y no Aarón? Creo que ella probablemente era el cabecilla y quien empujó a Aarón a su rebelión. Aarón fue rápido en arrepentirse. Moisés clamo a Dios por su sanación y la respuesta de Dios fue impagable. Él dijo, "Si su padre hubiera escupido en su cara, ella hubiera sido avergonzada por siete días? Limítala fuera del campamento durante siete días, después de esos puede regresar." Todos los Israelitas fueron testigos de su vergüenza, deshonra y castigo. Ella era un paria y no podía tener comunicación ni comunión con la gente porque ella era contagiosa. La gente presenció el precio enorme de hablar contra el hombre de Dios, y fue una clara advertencia para que ellos no hablaran contra el líder elegido de Dios.

Ahora volvamos a la historia de los diez leprosos. En el siglo de Jesús cuando gente con lepra iba a la sinagoga a adorar, tenían que sentarse en un lugar especialmente asignado, seis pies de distancia de otras personas. Tenían que llegar primero y eran los últimos en retirarse. Que situación tan difícil por la que estaban pasando. Al tratar con todas estas luchas, también estaban tratando con la gente que creía que la lepra era un signo de desaprobación de Dios, por lo que podemos estar seguro que la gente constantemente susurraba y hablaba sobre ellos. Los leprosos se alojaban en grupos para apoyar el uno al otro. Cuando clamaron a Jesús, lo hicieron desde una distancia. Ellos no se acercaron a Él porque conocían sus límites. Su clamor llegó a Sus oídos y respondió a ellos con amor y compasión.

Un Señor Misericordioso

Cuando los leprosos clamaron a Jesús, ellos estaban pidiendo su piedad y misericordia. Le preguntaron qué mirara su condición y fuera movido a misericordia hacer algo para ayudarles. Esto también es lo que hacemos cuando nos encontramos en situaciones difíciles. Clamamos a Dios por Su ayuda porque reconocemos que no hay nadie quien pueda liberar y sanar. A veces nuestro grito es una de la desesperación porque el dolor y las luchas son insoportables. Estos leprosos habían llegado al final de ellos mismos. Estaban cansados de ser marginados y estaban pidiéndole a Jesús que no los pasara en Su camino y los dejara en su estado. Es justo concluir que habían oído de Sus obras de sanidad y que sabían que no estaban pidiendo lo imposible. Ellos también lo conocían por nombre, por lo que es evidente que su fama los había alcanzado. Al oír hablar de Jesús, me pregunto si oraron para que Él pasara por su tierra. Aun si no lo pidieron, Dios ya tenía una cita preparada para sus destinos, y Jesús era la respuesta a sus clamores.

Debemos señalar que no le pidieron específicamente que los curara sino le pidieron piedad y misericordia. Es posible que como muchos de nosotros, que cuando llega la oportunidad para ser libre, no pedimos lo que es la más profunda necesidad en nuestro corazón? Algunos han especulado que estaban pidiendo ayuda financiera, alimentos y ropa. Con qué frecuencia también vamos hacia Jesús y pedimos por varias cosas pero no necesariamente por lo que realmente necesitamos? Aunque la Palabra nos dice que vengamos con denuedo ante el trono de la gracia y presentemos nuestras peticiones a Dios (Hebreos 4:16), muchos de nosotros somos renuente a expresar la necesidad más grande en nuestros corazones a Él. Vacilamos a menudo, porque no estamos seguros si Él concederá nuestras peticiones. En otras ocasiones dudamos porque nos sentimos indignos de recibir algo de parte de Él.

Todavía algunas personas pueden sentir que no está preocupado por su situación como esta preocupado acerca de las situaciones de otros. Cuántos de nosotros podemos decir honestamente que jamás nos hemos preguntado por qué con toda nuestra oración no hemos recibido las respuestas a muchas de nuestras peticiones? Hemos visto que otras personas reciben prosperidad, éxitos, y manifestación de sanidades, sin embargo, todavía estamos luchando. Cuando te encuentras en el lugar de cuestionar la voluntad de Dios para sanarte, recuerda que no es parcial y no hace acepción de personas (Hechos 10:34). Él es un Dios fiel, aun cuando no entendemos por qué algunas personas reciben fácilmente sus respuestas y otras no. Aprenderás a confiar en Él en estos tiempos, e irás a un nivel más profundo en Él y también desarrollarás una gran relación con Él.

He llegado a entender que cuando clamo a Dios por ayuda, y Él no se mueve, no es porque no me ama o me ama menos que a otros. Dios está siempre obrando en mi corazón y en mi vida, perfeccionando las cosas que me conciernen. Al esperar y esperar, siempre le pido que agilice mi situación. Aun cuando Él no se mueve cuando yo lo espero, sigo a aferrada. Por qué? Porque he puesto mi esperanza y confianza en Él y Él es mi único recurso. El mundo no tiene nada que ofrecerme, así que si me alejo de Dios y me vuelo tibia en mi servicio hacia Él, de nada me beneficiará. Sin embargo, si me quedo conectada a Él sujetándome firmemente a Sus promesas, Él siempre velara por mí. Muchos de nosotros, como los leprosos, encuentramos que Jesús está disponible, pero nos olvidamos de pedir las cosas correctas. Generalmente pedimos cosas que son sólo una solución temporal para nuestros problemas. Permitimos que Jesús pase por nosotros cuando Él es el único con el poder de cambiar nuestras circunstancias.

Debemos preguntarnos si hemos estado en nuestra situación por tanto tiempo que ahora nos sentimos cómodos viviendo en ella. Es posible que los leprosos hubieran pedido piedad y misericordia por tanto tiempo que se convirtió en un hábito? También es posible que incluso después de reconocer quién era Jesús, le pidieron las mismas cosas que pedían de otras personas? Te animo a recordar que Jesús es diferente a cualquier otra persona que jamás conocerás. Él tiene las respuestas para la vida, y como la eternidad está en Sus manos, también estás tú y tus necesidades. Jesús en su fidelidad nos les dio a los leprosos lo que ellos pedían; Él les dio lo que necesitaban. Jesús reconoció que la necesidad de sanidad era la más grande de sus necesidades. Al sanar sus cuerpos, también sano sus heridas emocionales así como sus heridas físicas.

Cuando estamos traumatizados en nuestros cuerpos también afecta al reino de nuestras almas. La duración de la lucha afecta a la condición de nuestras almas porque algunos de nosotros comenzamos a perder la esperanza. Cuando hemos caído en la desesperanza, empezamos a perder el deseo de luchar. He estado alrededor de algunas personas que después de una larga batalla con la enfermedad y el mal dirán que están cansados y listos para irse a su hogar con Dios. A menudo los familiares son quienes quieran aferrarse a ellos. Nos olvidamos de aquellos quienes pertenecen a Jesús nunca mueren. Vivirán con Él por toda la eternidad.

Pero como los extrañaremos, egoístamente nos aferramos a ellos, porque no estamos dispuestos a dejarlos ir. Olvidamos que en la presencia del Padre no hay más enfermedad o dolor. Para aquellos quienes han aceptado a Jesús como Salvador, pasarán a la eternidad; para siempre jamás con aquellos quienes también lo aman. Recuerden dar a conocer sus peticiones verdaderas a Dios.

Sanidad en Movimiento

En Lucas 17:14, Jesús dio a los leprosos un mandamiento, "Id y mostraos a los sacerdotes." Al momento de obedecer y empezar a ir al sacerdote, ellos fueron sanados. Tenían que hacer algo para obtener su curación. Tenían que obedecer la orden y poner en acción su obediencia. Si alguno de ellos hubiera oído el mandamiento y no hubiera obedecido, no hubiera recibido su sanidad. Por qué Jesús les dijo que fueran a mostrarse a los sacerdotes? Sólo los sacerdotes podían declarar a una persona que tenía lepra o cualquier enfermedad de la piel, como limpio o inmundo (Levítico 13). Sólo el sacerdote podía decir que eran sanados de la lepra y eran permitidos dentro de la sociedad.

La palabra "mostraos" que Jesús usó en su mandamiento sugiere algunas cosas para nosotros. En este pasaje significa provocar a verse o a señalar algo a alguien. Jesús estaba señalando a los sacerdotes que Él había sanado a los leprosos. Esto fue una lección, una demostración de su poder para ellos, porque muchos de ellos se negaron a creer que Él era el Hijo de Dios, quien tenía todo poder y autoridad en Sus manos. En ningún momento Jesús oró o dio una orden para que los leprosos fueran sanados. Simplemente dio a entender que al ir hacia los sacerdotes serían curados. Si estos leprosos hubieran dudado, cuestionado el por qué no oró por ellos, o hubieran dudado sobre Su mandato, hubieran perdido el momento de su visitación divina.

Creo que nos podemos perder nuestra curación a veces, porque nosotros mismos nos hemos programado para escuchar una palabra específica o una frase. Si no escuchamos estas palabras, no podemos creer que nuestra sanación esté disponible. Esto es debido en parte a cómo nos han enseñado. Hemos limitado a Dios y lo hemos puesto en una caja con respecto a cómo nos sanará. Yo he visto personas quienes se han ofendido porque no les agrada la forma en que una persona ministra con respecto a su curación.

Pierden el punto por completo de que aunque el método fue diferente, el resultado final fue la manifestación de su sanidad. Si estudias la vida de Jesús, verás que era tan poco ortodoxo como Su Padre. Él no fue limitado por la creencia del hombre de cómo debió actuar o funcionar. Forjó por delante haciendo sólo lo que Dios le pidió que hiciera. Esta debe ser nuestra posición, para hacer sólo lo que Dios pida que hagamos. Mantén en mente que Dios es el Único que debemos de honrar y de complacer con nuestro servicio y devoción.

Algunos piensan que sólo ciertas personas pueden orar por su sanidad, pero la Biblia nos dice de manera diferente. Santiago 5:16 dice, " Confesaos vuestras ofensas unos a otros, y orad unos por otros, para que seáis sanados. La oración eficaz del justo puede mucho." El requisito para orar y ver a que alguien sanar es que seas una persona justa quien es ferviente cuando oras por otros. Para mí esto significa que tú oras por ellos con la misma pasión y devoción como cuando oras por ti mismo. Cuando los leprosos le pidieron a Jesús misericordia y compasión, probablemente estaban esperando algo más de Él, pero en su sabiduría, Jesús los sanó en su lugar. Los leprosos estaban operando en sabiduría y fe aceptando las palabras del Salvador y luego tomaron acción basada en lo que escucharon. El resultado final fue una vida transformada.

Cuando aceptamos y ponemos en acción las palabras que Jesús habla a nuestros corazones, también experimentamos un movimiento espectacular de Dios en medio de nosotros. Al oír las órdenes y obedecerlas, nos garantiza éxito. Cuando Jesús habla una Palabra sobre tu vida, tiene todo el poder y respaldo de parte de la Trinidad de Dios. Su palabra no volverá vacía a tu vida, pero logrará exactamente lo que Dios tiene en mente para ti. Te animo a que no limites lo que Él puede hacer en ti y para ti.

Uno Hecho Íntegro

Uno de los leprosos recibió una sanación mayor que todos los demás, porque él reconoció quien era Jesús. Mientras caminaba hacia los sacerdotes con los otros nueve leprosos, se dio cuenta que él había sido curado. Él no continuó sino se volvió a Jesús y comenzó a glorificarlo en voz alta. Es evidente que al glorificar a Jesús en voz alta los otros podían claramente escucharlo. Ellos también se dieron cuenta del gran milagro que se había manifestado en sus cuerpos, pero ellos siguieron en camino hacia los sacerdotes. Ellos no se volvieron para glorificar a Jesús. A diferencia de los otros este leproso fue a Jesús y cayó a sus pies en adoración, expresando su agradecimiento al mismo tiempo. Jesús cuestionó si acaso no todos los leprosos fueron sanados y por qué sólo uno regresó para dar gracias. Luego dijo algo profundo. Nos dio la identidad del único quien regreso; él era un Samaritano.

De esta distinción podemos concluir que los otros nueve leprosos probablemente eran judíos, su pueblo escogido. El leproso samaritano era un pecador, un paria quien reconoció su necesidad del Salvador. Estaba agradecido por el regalo que recibió y no estaba avergonzado de proclamar su agradecimiento en voz alta. Él dio alabanza a Dios a gritos justo como cuando había a gritos pedido ayuda. Su gran adoración, exaltación y gracias no conmovió a los otros a unirse a él. Se dieron cuenta de que sus pieles estaban libres de enfermedad, pero no clamaron a Jesús como lo habían hecho inicialmente cuando necesitan curación. Recibieron el milagro pero ignoraron al Obrador del Milagro. Sólo un leproso adoró a Jesús por Su poder, majestad y esplendor que había sido manifestado poderosamente en su vida.

Lo que podemos aprender de esto es que los que fueron curados no les pareció necesario darle las gracias a Quien los había sanado. Ellos recibieron su regalo y siguieron en su camino sin reconocer lo que habían recibido. Hay veces que nosotros también nos olvidamos de darle gracias a Jesús por todo lo que ha hecho por nosotros. No damos valor a nuestras manifestaciones de sanidad, milagros, y bendiciones que nos da Dios. Algunas personas pueden incluso tener un espíritu de derecho. Actúan como si a ellos se les debiera la ayuda y las bendiciones que reciben. Cuando tenemos corazones desagradecidos, tenemos que examinarnos a nosotros mismos para ver qué mal está dentro de nuestras almas.

Es una respuesta natural dar las gracias cuando alguien ha hecho algo por nosotros sin importar cuán insignificante sea en nuestros ojos. El sólo hecho de que alguien tome de su tiempo para ayudarnos sin nosotros pedirlo es significativo. Jesús no nos debe el sacrificio que Él hizo en la cruz ni merecemos la ayuda y el apoyo que recibimos de los demás. Es sólo la gracia de Dios que nos permite recibir bendiciones de Su parte.

En mis años de hacer alcances de misiones en los Estados Unidos y a nivel internacional, he visto una diferencia en los niveles de aprecio de la gente. Algunas personas en los EEUU no hacen un esfuerzo concertado para venir y recibir lo que estamos allí para darles aun cuando literalmente estamos tocando sus puertas. Algunos no quieren oír la Palabra de Dios predicada o incluso oír hablar del Único quien nos envió. Muy seguido vienen al evento al final sólo para recibir la comida y los regalos. Realmente tengo que trabajar en mi actitud cuando esto pasa para darles los artículos. Sin embargo, he encontrado una gran desesperación en otras naciones, porque no tienen el apoyo del gobierno que tenemos en los EEUU. Caminan millas para venir y escuchar la Palabra y están de pie o sentados bajo el sol por horas hasta recibir lo poco que se les da. Siempre están tan agradecidos y dan gracias por lo que Dios les ha previsto. Esta gente me ha ayudado a estar más agradecida por todo lo que se me da.

Lo que Jesús vio en los judíos leprosos quienes no volvieron a darle las gracias es lo que había visto a lo largo de su ministerio. La mayoría de la gente estaba buscando algo para ellos mismos o eran personas que sólo les importaba sus necesidades. Juan 12:37 nos dice que estaban siempre en busca de una señal pero no estaban interesados en Jesús o en Su mensaje. Mateo 23:25 dice que se veían limpios por fuera pero estaban vacíos en el interior.

Sólo un leproso reconoció que un Sacerdote mayor lo había sanado. Sólo aquel que es verdaderamente grande podría realizar un milagro tan maravilloso. Se dio cuenta que estaba en presencia del gran Sumo Sacerdote, el Único que es mayor que todos los sacerdotes terrenales combinados. Este leproso no continuó su viaje hacia el sacerdote terrenal pero volvió a quien podía darle vida eterna. Nosotros también debemos de reconocer quien es Jesús y de las cosas que es capaz de hacer. Hará más allá de lo que tú puedas incluso pedirle que haga. Solamente este leproso recibió algo que los otros no recibieron, porque él tuvo una revelación y persiguió a Jesús.

Sanidad Frente A Integridad

La mayoría de nosotros cuando nos enfrentamos a una enfermedad le pedimos a Dios curación. Hay algunas personas que no hablan con el Señor en todo momento excepto cuando están enfermos o pasando por dificultades en la vida. Para experimentar el tacto curativo y el poder de Dios en nuestras vidas es una experiencia maravillosa. La libertad que Él trae por medio del dolor físico también nos libera del dolor emocional. Cuando estamos enfermos en nuestros cuerpos, generalmente el diablo nos hace experimentar tormento emocional. Él acosa a nuestras mentes con preocupación y ansiedad que puede agravar la circunstancia. Nos dice que nunca vamos a sanar y que vamos a morir. Este tormento crea tal caos en nuestras mentes y corazones que nos puede afectar con tal negatividad como la enfermedad en nuestros cuerpos.

Al experimentar no sólo el poder curativo de Jesús, pero también ser hecho íntegro por Él, es una experiencia totalmente diferente. Deja explicarme. Los diez leprosos fueron sanados. Esto significa que las palabras habladas por Jesús pusieron alto a la enfermedad que había violado sus cuerpos. Lo que producía la enfermedad en sus cuerpos fue anulado cuando Jesús los envió a presentarse ante el sacerdote. Sólo el leproso quien regresó para dar las gracias experimentó algo más grande que su sanidad; él fue hecho integro. Jesús hizo algo extra para este leproso. Él obró más allá de simplemente detener la enfermedad para reparar los daños que había causado el mal en su cuerpo y sus emociones. Recuerda, la lepra es una enfermedad que ataca el cuerpo destruyendo principalmente las extremidades, así causando la pérdida de dedos, nariz, dedos de los pies, etc. y dejando gente sin la capacidad de utilizar eficazmente sus extremidades. Jesús dijo al leproso que regresó, "No son diez los que fueron limpiados? Y los otros nueve, ¿dónde están? No hubo quien volviese y diese gloria a Dios sino este extranjero? Y le dijo: Levántate y prosigue tu camino; tu fe te ha sanado." (Lucas 17:17-19).

Ser hecho íntegro habla de salvación, liberación y libertad de todas las enfermedades y sus efectos. Jesús no sólo salvó al leproso, también restauró su cuerpo a un nuevo estado. Fueron restauradas las piezas que fueron destruidas. Al ver al leproso, alguien no encontraría ninguna evidencia que su cuerpo un día había sido cautivado por la lepra. Los otros nueve, aunque habían sido sanados, aun llevaban la evidencia de que habían sido leprosos. No fueron hechos íntegros. Por lo tanto, sostengo que cuando la gente los veía, siempre tenían que tranquilizarlos diciéndoles que eran sanos y no contagiosos y que se les había permitido volver a entrar en la sociedad. Cuánto mejor para el que sólo tuvo que compartir su testimonio de lo que Jesús había hecho. Él ya no era visto como un leproso porque toda la evidencia había sido borrada.

Este ejemplo me recuerda que toda la evidencia de los pecados cometidos ha sido borrada por la sangre de Jesús que fue derramada en el Calvario. Cuando el enemigo intenta acusarnos, nosotros podemos recordarle que la sangre de Jesús nos ha lavado, sanado, purificado completamente y nos ha hecho íntegros. Ya no mostramos las cicatrices de nuestras batallas. Ha removido la evidencia de los traumas de nuestra vida.

La batalla que ocurre en nuestros cuerpos es acompañada a menudo por la batalla en nuestras mentes. Jesús murió para sanarte no sólo físicamente sino también para hacerte completamente entero y sano en espíritu, alma y cuerpo. Tu corazón y tu vida ahora están cambiados y puedes renovar tu mente diariamente con la Palabra de Dios.

Me imagino que cuando el leproso se alejó de Jesús, después de ser hecho íntegro se sorprendió más allá del poder y la gloria de Dios. No tenía idea cuando decidió regresar y dar las gracias que él experimentaría el nivel de liberación y libertad que este milagro trajo a su vida. Te imaginas su testimonio no sólo a su familia sino también a todos los que anteriormente sabían que tenía la lepra? Poderoso y convincente fue su testimonio a los otros nueve leprosos que no volvieron a dar las gracias. Cuando la mano de Dios toca tu vida, cambiará para siempre. Cuando cura tu cuerpo y te libera de preocupaciones y ansiedad, te lanza en el camino donde vivirás la vida abundante que Jesús murió para darte.

Lecciones Que Debemos de Vivir

- Debemos tener una vida centrada en Cristo.
- Siempre debemos de dar gracias a Dios.
- Nuestra alabanza y adoración a Dios deben ser igual a nuestras peticiones por su ayuda.
- Debemos de dar gracias en todo, no por los problemas, sino porque Dios está con nosotros para ayudarnos a pasar por ellos.
- Estamos comisionados para ayudar a los indefensos incluso cuando no son agradecidos.

- Dios no limita Sus dadivas a los creyentes. Él vino a buscar y salvar a los perdidos.
- No discriminemos a las personas por su religión o falta de ella porque Dios puede cambiar su corazón.
- Todo aquel a quien conocemos tiene la necesidad de una relación con Jesús y nosotros somos Sus instrumentos en la tierra.
- Nuestra vida debe ser un reflejo de agradecimiento y aprecio de todo lo que Dios ha hecho por nosotros.

Una Escritura para Sanidad – Proverbios 4:20-23

Padre, gracias que Proverbios 4:20-23 me dice que mientras esté atento a Tus palabras e incline mi oído a Tus razones y no deje que se aparten de mis ojos y las guarde en medio de mi corazón; traerán vida y medicina para todo mi cuerpo. Me recuerda guardar mi corazón por encima de todo porque de Él mana la vida. Padre, ayúdame a mantener mi corazón confiado y seguro en ti para poder experimentar Tu sanidad, no sólo en mi cuerpo, pero también en mis emociones. En el nombre de Jesús.

Amén.

Jesús, Ten Misericordia De Mí

⁓

Alguna vez te has sentido tan emocionalmente herido que clamaste a Dios por misericordia? Estabas desesperadamente necesitado de Su ayuda porque el dolor y las luchas en tu vida eran más de lo que podías soportar. He estado allí. Pero mayor que mi propio dolor es el dolor de los demás quienes en su desesperación también claman por misericordia. Yo no puedo contar el número de veces que he escuchado, aconsejado u orado por alguien desesperado por la intervención de parte de Dios para beneficio de ellos. Las cicatrices emocionales o heridas de personas quienes han sufrido o están sufriendo a veces son insoportables. He escuchado muchas historias de abuso y me pregunto cómo la persona sobrevivió para contar su historia.

Una estimada amiga me relató su grito desesperado a Dios: "Dios, nunca seré feliz? Alguna vez conoceré quien me ame y no abuse de mi?" Al escuchar su historia, entenderás el grito desesperado a Dios, a pesar de que en ese momento ella no tenía una relación con Él y sin el conocimiento del precioso Hijo de Dios, Jesús. Compartió que a pesar de que no conocía a Dios personalmente, ella estaba plenamente consciente de que Él existía. Cuando el padre de sus hijos abusaba de ella, encontraba consuelo en creer que Dios la rescataría.

Uno de los incidentes más terribles de su vida fue cuando su marido golpeó su cabeza contra la pared porque ella no había cocinado sus huevos a su gusto. Como resultado de las muchas veces que ha sido golpeada su cabeza contra la pared, ahora tiene una pequeña masa en su cerebro que los médicos regularmente examinan para asegurarse de que no está creciendo. Esto es solo un ejemplo horrible de las muchas veces que lloró por misericordia. Ella también buscó las misericordias de Dios en su infancia porque salió de un hogar donde sufrió un abuso tremendo.

Lamentablemente, la persona quien ha tenido una niñez abusiva a menudo termina en relaciones abusivas. La razón es que no han visto lo que es un ambiente familiar sano y no son conscientes de lo que es una persona sana cuando se le presenta. Por lo tanto, instintivamente son atraídos a personas quienes tienen la tendencia de abusar de ellos. Esto es lo que se conoce como tratar con un espíritu familiar.

Permíteme dar un ejemplo de lo que es un espíritu familiar. Has conocido alguien que estaba en una relación enfermiza y vivía en una ciudad determinada y cuando se mudó a otra ciudad terminó en otra relación abusiva con quien tenía cualidades similares a la persona que dejó? Este ejemplo describe un número de personas con quienes he hablado. Este espíritu familiar se unió a ellos, aunque estaban en una nueva ubicación, porque estaba familiarizado con su historia pasada y la forma en que siempre había vivido.

No puedes escapar o cambiar tu pasado, pero puedes decidir dejar de tolerar los ataques del enemigo y cambiar lo que atraes a tu vida al cambiar lo que crees sobre ti mismo. Recuerda, Dios te creó a su imagen y semejanza. Él te trajo al mundo para ser una persona fenomenal y es el Único quien conoce los grandes depósitos que ha hecho en ti para que lo logres.

Hoy, mi amiga quien tenía el esposo abusivo, es una persona llena de alegría y paz debido a su relación con Jesucristo. Nada le preocupa o sacude su confianza en Dios. Tiene fe increíble, confianza y esperanza en la fidelidad de Dios. El daño que el enemigo intentó hacer en su vida fue un fracaso porque ella entró en una relación con Cristo.

Desde que Jesús cambió su vida, ella ya no se conforma con menos de lo que Él tiene para ella. Hoy está en un matrimonio saludable y próspero donde Dios es el centro de sus vidas, y Él está haciendo cosas maravillosas en ellos como pareja. Ella no ha permitido que las heridas y cicatrices de su pasado la mantengan en cautiverio. Lo que el enemigo intentó como un mal en su vida, ella está usándolo para la gloria de Dios y para la liberación de otros. Nuestro gran y misericordioso Salvador escuchó sus gritos pidiendo misericordia y respondió con amor y compasión y la liberó.

La palabra "misericordia" resuena con compasión para aquellos quienes se están ahogando en el dolor y la angustia. Salmo 20:1-4 dice: "Jehová te oiga en el día de la angustia; El nombre del Dios de Jacob te defienda. Te envíe ayuda desde el santuario, Y desde Sión te sostenga. Haga memoria de todas tus ofrendas, Y acepte tu holocausto. Te dé conforme al deseo de tu corazón, Y cumpla todos tus planes." Dios, sin duda, pone interés en tus problemas y angustia. Está claro en las escrituras que Él te contesta, protege, envía ayuda, recuerda todo los que has sacrificado por Él y te concede los deseos de tu corazón.

Puesto que no puede mentir, no hay absolutamente ninguna manera de que no seas recompensado por cada temporada de lucha que has sufrido. Esta es la razón por la que siempre ganamos. Cuando el enemigo intenta destruirnos emocionalmente, físicamente o espiritualmente, Dios ha asegurado nuestra victoria. Podemos pasar por muchas batallas, pero con Su ayuda, siempre ganamos la guerra al final.

Proverbios 6:31 dice que cuando un ladrón es atrapado; deberá pagar siete veces la cantidad que robó, aunque tenga que vender todo lo que hay en su casa. Que te ha robado el enemigo; tu salud, finanzas, matrimonio, o tus hijos? Como un hijo de Dios, tienes el derecho de demandar que él te recompense por todo lo que has perdido. Demanda que él te regrese siete veces a tu vida lo que te robó porque esto es lo que la Palabra de Dios promete.

La palabra misericordia es utilizada aproximadamente doscientos y setenta seis veces en la Biblia. Esto nos dice que la compasión de Dios hacia nosotros es interminable. La palabra misericordia significa compasión y tener paciencia. Es la fidelidad de Dios y Su devoción a las promesas que están en Su Palabra. El término misericordia se utiliza con mayor frecuencia al describir a Dios, pero quien está lleno del Espíritu de Dios y es un Cristiano nacido de nuevo, puede y debe también operar en este regalo de la misericordia. A menudo misericordia puede traducirse como bondad o amor inquebrantable. Muchas veces en la Biblia encontramos la palabra "bondad" y se utiliza para describir la misericordia de Dios y su actitud hacia nosotros.

Durante siglos las personas han rogado para que Dios tenga misericordia de ellos. Han solicitado Su ayuda cuando se dieron cuenta que sin Él no pueden superar su apuro. Lamentaciones 3:22-26 es una escritura poderosa. Es un sincero homenaje a nuestro Dios amoroso quien tiene el poder de traer ayuda y curación en la profundidad de la crisis. Dice "Que por la misericordia de Jehová no hemos sido consumidos, porque nunca decayeron sus misericordias; nuevas son cada mañana. ¡Grande es tu fidelidad! Mi porción es Jehová; por tanto, en Él esperaré", dice mi alma. Bueno es Jehová a los que en Él esperan, al alma que lo busca. Bueno es esperar en silencio la salvación de Jehová." Existen siete promesas grandes dentro de estos versículos. Examinemos de cerca lo que Él nos dice:

1. Su amor no nos deja que seamos consumidos por las dificultades de la vida.
2. Sus misericordias jamás nos faltan. Esto nos dice que Sus misericordias son muchas no solamente una.
3. Cada mañana se renuevan nuestras misericordias.
4. Grande es Su fidelidad hacia nosotros.
5. Él es nuestra porción, nuestra participación, lo que se nos debe, y nuestro destino.
6. Bueno es Jehová a quienes esperan en Él.
7. Salvará a quienes esperan en Él en silencio.

Tales promesas deben encender tu corazón con confianza indudable que Dios será siempre misericordioso con aquellos que claman a Él. Así que en tu angustia, clama a Él. Cuando hay confusión en tu mente y en tus emociones, Él vendrá a tu rescate. Cuando se trata de una situación sin esperanza, recuerda que Él siempre está disponible. Es una ayuda muy presente en tiempos de angustia (Salmos 46:1). Te animo a que no lo busques solamente cuando estás en problemas, sino que también lo busques cuando todo va bien en tu vida. Por lo tanto, cuando se trata de problemas, (no es *si vienen* los problemas, es *cuando vienen* los problemas, porque el enemigo se asegurará de que aquellos quienes aman al Señor tienen dificultades), tú sabrás inmediatamente qué hacer. Invoca el nombre del Señor. Él oirá y te responderá!

Jesús está Escuchando

La historia del ciego Bartimeo registrada en Lucas 148:35-43 resuena con la misericordia, amor y gracia de nuestro Señor y Salvador. Podemos deducir algunas verdades profundas y conocimiento de lo que Jesús respondió cuando este hombre clamó por Su ayuda. Dentro de su clamor el ciego comprendió quien pasaba tenía el poder de sanar y transformar vidas. Antes de conocer a

Bartimeo, Jesús había curado a diez leprosos, hablado sobre la segunda venida, había conocido y ministrado al joven rico y compartido la parábola sobre la manera de orar. Después de haber cumplido estas tareas, se dirigió a Jerusalén vía Jericó. Creo que Dios asignó cada paso que Jesús tomó, lo puso frente a todas las personas quienes Dios quería sanar y liberar en cuerpo y alma. En cada una de estas vidas, vemos el poder de Dios obrando y grandes cambios experimentados por la gente.

Sus historias nos dan una vista impresionante de lo que Dios puede hacer cuando estamos rendidos y sometidos a Él.

Pero ellos nada comprendieron de estas cosas, y esta palabra les era encubierta, y no entendían lo que se les decía. Aconteció que acercándose Jesús a Jericó, un ciego estaba sentado junto al camino mendigando; y al oír a la multitud que pasaba, preguntó qué era aquello. Y le dijeron que pasaba Jesús nazareno. Entonces dio voces, diciendo: ¡¡Jesús, Hijo de David, ten misericordia de mí! Y los que iban delante le reprendían para que callase; pero él clamaba mucho más: ¡¡Hijo de David, ten misericordia de mí! Jesús entonces, deteniéndose, mandó traerle a su presencia; y cuando llegó, le preguntó, diciendo: ¿Qué quieres que te haga? Y él dijo: Señor, que reciba la vista. Jesús le dijo: Recíbela, tu fe te ha salvado. Y luego vio, y le seguía, glorificando a Dios; y todo el pueblo, cuando vio aquello, dio alabanza a Dios.
Lucas 18:34-43(RVR1960)

De las muchas personas que Jesús sanó, el ciego Bartimeo, es uno de los pocos cuyo nombre se dio a conocer. Es evidente que tenía algunos conocimientos de Jesús el Mesías, porque se dirigió a Jesús como el Hijo de David. Porque lo reconoció como Salvador, no titubeó al pedir ayuda de Él. Sabía que Jesús era capaz de ayudarle. Bartimeo estaba en el lugar correcto en el momento correcto y el resultado fue que el poder de Jesús lo cambió. Jesús se encontró con Bartimeo en la ruta de Su viaje a Jerusalén. El ciego estaba sentado al borde de la orilla del camino pidiendo limosna para su sostén. Escuchó la muchedumbre mientras pasaban y preguntó qué es lo que estaba sucediendo.

A fin de que no perdamos a Jesús y Sus bendiciones en nuestras vidas, no debemos ser complacientes en medio de nuestras luchas. A veces, a diferencia de Bartimeo, nos hemos sentado al borde de la carretera tanto tiempo que ya no nos preguntamos acerca de lo que está sucediendo alrededor de nosotros. Ya no estamos buscando respuestas dentro de nuestras luchas porque nuestra rutina diaria se ha hecho costumbre. Despertamos y hacemos lo mismo día tras día, sin la esperanza de que algo espectacular nos va a suceder.

Imagina conmigo que Bartimeo había estado sentado al lado de la carretera durante años. Es probable y razonable concluir que salvo el día de reposo, el sábado, esta era su rutina diaria. Llegaba a ese lugar diariamente porque es donde recibía limosna para su apoyo. Después de muchos años de estar sentado a la orilla del camino, probablemente nunca se imaginó que se encontraría con el Único quien podría darle liberación. Para él probablemente este día era igual a todos los días anteriores. Pero en este día Dios había asignado un encuentro con Bartimeo y usaría su vida como un testimonio eterno del poder y la misericordia de Dios. Quiero que veas que a pesar de que Dios había hecho la asignación, Bartimeo tuvo que participar en el plan para conseguir su milagro. Es seguro decir que había otras personas al lado de la carretera ese día quienes probablemente estaban oprimidos en vida como Bartimeo. Sin embargo, ellos no investigaron sobre lo que estaba sucediendo alrededor y por esto no recibieron su milagro.

La escritura dice que Bartimeo al oír a la multitud, preguntó lo que estaba sucediendo. Debido a los milagros y los mensajes que Jesús enseñó, desarrolló un número enorme de seguidores. En este caso había una multitud de personas siguiendo a Jesús y su movimiento y su entusiasmo en la atmósfera eran lo bastante fuertes como para causar que un ciego se diera cuenta que algo diferente estaba pasando a su alrededor. Cuando la gente le dijo que Jesús de Nazaret estaba pasando, el no titubeó. Instantemente grito pidiéndole ayuda. Aparentemente, él había escuchado acerca de Jesús y de los milagros que estaba realizando. La fama de Jesús había llegado a Jericó, y es evidente que Bartiemo pasaba la mayoría de su tiempo al lado de la carretera y había oído las historias. Esta era la oportunidad de cambiar su vida.

Durante muchos años personas que sentían lástima por Bartimeo habían tomado cuidado de él. Podría haber permanecido en esa condición y continuado recibiendo los donativos, pero él quería más de la vida. Él no estaba satisfecho en permanecer dentro de la misma condición en la que se encontraba por el resto de su vida.

A diferencia del ciego Bartimeo, algunas personas simplemente han aceptado las condiciones desesperadas que les ha dado la vida. Algunos de ellos no están dispuestos a llegar a algo más allá de lo que actualmente tienen. Han estado en su lucha tanto tiempo que se han vuelto impotentes y sin esperanza. En medio de su desesperación, ellos no buscan algo diferente. Creen que esta es su suerte en la vida y han perdido la voluntad para luchar por un resultado diferente. Aunque Bartimeo probablemente había estado en esta situación desde su nacimiento, no había perdido su voluntad de luchar. Quería un resultado diferente y cuando la oportunidad llegó, él se tomo de ella con toda su fuerza.

Reconociendo que era Jesús, el Sanador, quien estaba pasando, Bartimeo clamó por Su ayuda. La multitud probablemente estaba haciendo mucho ruido, así que es posible que Jesús quizás no haya escuchado, aunque creo que Jesús lo oyó. Él es el Hijo Dios y puede ver y oír más allá de lo que tú y yo podemos comprender. Creo que Dios quería ver cuanta determinación tenía el ciego en recibir su milagro. Renunciaría después del primer grito al no conseguir una respuesta, o seguiría llamando hasta obtener la respuesta?

Bartimeo comenzó a gritar más fuerte. Él no podía correr hacia Jesús, porque no podía ver. Así que utilizó lo que tenía, su voz, para obtener la atención que necesitaba. Su clamor pidiendo ayuda era muy fuerte, porque la gente le dijo que callara. Sin embargo, los ignoró y gritó aun más fuerte. No iba perder su única oportunidad de recibir sanidad. Bartimeo no sólo le llamó a Jesús por Su nombre, lo nombró como el Hijo de David. Este era un hombre con conocimiento de la ley y comprensión de quien era Jesús. Jesús es el Hijo de David quien Dios había prometido enviar a traer liberación a su pueblo, y Bartimeo reconoció esto. En llamar a Jesús Hijo de David, reconoció que el Salvador del mundo había llegado y estaba en proximidad cercana a él.

La Biblia dijo que Jesús se detuvo. Oyó la voz de un hombre quien realmente reconoció quién era y lo llamó por Su título apropiado, y Jesús respondió a su clamor. No sólo se detuvo Jesús sino ordenó que trajeran a Bartimeo hacia Él. Jesús no sólo pidió o sugirió que lo trajeran, les mandó hacerlo. La palabra ordenar es una palabra fuerte y significa que Jesús exigió, mandó, llamó o dio una orden implícita que trajeran al hombre a Él. Jesús dejó en claro que una audiencia con este ciego era obligatorio.

Imagínate la alegría en el corazón del hombre ciego cuando oyó pasos hacia él y escuchó las palabras que el Maestro quería verlo. Marcos 10:50 dice que echó su capa, se levantó y vino hacia Jesús. Esto es importante porque su capa significa que tenía permiso de parte de las autoridades para sentarse y pedir limosna porque era un discapacitado y tenía necesidad. Removiendo y dejando su capa era como decir, "he terminado con este estilo de vida de mendicidad y desde este momento, no necesitaré la ayuda financiera de otros." Este fue un acto poderoso de fe y confianza de un hombre quien probablemente toda su vida había pedido limosna sentado al lado de la carretera. Esta acción le dijo a Jesús y a todos los que estaban observando que esperaba retirarse de su encuentro con Jesús sano y libre. Ya no sería la persona necesitada quien había sido en su pasado. Ahora podría sostenerse por sí mismo, ser un dador y no un recogedor.

Por el contrario, si Bartimeo no habría actuado con ese nivel de fe y no habría aceptado la ayuda de las personas que Jesús le envió, yo creo que el resultado podría haber sido diferente. Lo que veo tomando lugar en esta escritura es una prueba. Bartimeo había clamado a grito abierto pidiendo ayuda, y cuando llegó la ayuda, tenía que tomar una decisión para moverse hacia ella. Él podría haber dicho "soy ciego. Porqué Jesús no vino hacia mí?" Jesús no lo hizo porque Él reconoció que Bartimeo tenía que ser participante dentro de su propio milagro. Bartimeo tendría que hacer algo para conseguir el resultado que él deseaba.

Algunas veces podemos desarrollar una mala actitud cuando las cosas no salen como esperamos o como pedimos en oración. Puedo atestiguar esto y sé que otros pueden también. Lloramos, oramos y pedimos ayuda a Jesús, pero cuando Él lo envía, no apreciamos cómo llegó la respuesta, cómo se empaquetó y como se entregó. Por lo tanto podemos desarrollar una actitud mala en vez de ser agradecidos.

Bartimeo no le importaba lo que tenía que hacer para conseguir su milagro. Simplemente reconoció que su milagro había llegado y necesitaba la ayuda de otros para recibir el resultado final. Estoy segura que su acción de fe fue un impacto para muchas personas. El hombre ciego dejó su capa y todas las oportunidades y provisiones que contenía. Si alguna vez tendría necesidad de esa capa de nuevo, probablemente no la encontraría, porque lo más probable es que alguien la habría recogido sabiendo los beneficios que proporcionaría. No habría manera de volver atrás para Bartimeo.

Una Audiencia con el Salvador

Bartimeo está ahora de pie ante el Maestro. No podía verlo. Probablemente nunca había oído su voz, sin embargo, él sabía que era Jesús. Cuando Jesús dio la orden y su pueblo obedeció, Bartimeo estaba seguro que estaba de pie ante de su misericordioso Salvador, quien podría ayudarle. Jesús no asumió que Bartimeo quería ser curado; le preguntó lo que quería. Es razonable concluir que Bartimeo estaba haciendo todo ese alboroto, porque él quería sanidad. Sin embargo Jesús le pidió que expresara cual era su deseo. Su clamor puede haber sido por ayuda financiera pero claramente le dijo a Jesús que su deseo era ver. Jesús le dio lo que pidió y le dijo que su fe lo había salvado. Su fe no lo había sanado, lo había salvado. Creo que Jesús le entregó a Bartimeo algo mayor de lo que esperaba. Lo salvó. Recuerda que la palabra salvar en Griego es Sozo y significa sanar, salvar y liberar. Jesús abrió los ojos de Bartimeo. Lo salvó y le dio un lugar en la eternidad. Lo sacó de la opresión que había experimentado por tantos años y le dio la libertad de vivir una vida para la gloria de Dios y trajo gozo al corazón de Bartimeo.

Dentro de nuestras luchas emocionales y físicas a veces podemos caer en depresión por culpa de la condición en la cual nos encontramos. Desde la perspectiva de Bartimeo, él había sido un mendigo por años y tenía que depender de otros para ayudarle. Estoy segura que se sentía degradado en esta posición de mucha necesidad. Jesús, quien nos entiende, sabía que Bartimeo había soportado mucho trastorno emocional y por esto le dio no sólo sanidad física sino le proporciono sanidad emocional también. Jesús vio más allá de la solicitud de parte de Bartimeo de tener vista en sus ojos. Oyó la desesperación en los gritos de Bartimeo, ignoró a la gente que le decía que callara y gritó aun más fuerte.

El grito era una súplica por liberación de la esclavitud en la cual se encontraba para poder vivir una vida normal. Me atrevería a decir que probablemente no es la única vez que Bartimeo clamó a Dios por ayuda. Probablemente pidió ayuda a lo largo de su vida, y Dios deliberadamente envió a Jesús a Jericó para responder a los gritos de Bartimeo.

Cuantas veces o por cuantos años has gritado por ayuda mientras te encuentras en el hoyo de la desesperación o la depresión? Tal vez le preguntaste a Dios "Estás escuchando? Por favor me puedes ayudar?" El mismo Dios que escuchó gritos de Bartimeo y envió a Jesús para liberarlo es el mismo que también oye tus gritos pidiendo ayuda. Dios está dispuesto y disponible para ayudarte. No te rindas si no contesta enseguida. Debes de seguir pidiendo hasta que recibas tu respuesta. No creo que el compasivo y misericordioso Salvador a quien servimos negará una respuesta, aunque es posible que tengamos que esperar. Incluso cuando la respuesta se retrasa, Dios no está diciendo "No" a tu clamor. Él está diciendo, "Aguanta. Yo vengo y mi recompensa está conmigo." Te animo a recordar que la Palabra dice que Su compasión nunca falla y Su misericordia perdura para siempre. Él es tu Salvador misericordioso.

Lecciones Que Debemos de Vivir

- Dios siempre oye tu clamor por ayuda.
- En tu angustia, Dios te responde.
- Aun cuando las respuestas se retrasan, no te des por vencido.
- En medio de la desesperación, continúa esperando en Dios. El jamás te falla.
- Cuando la gente quiere que cayes, grita aun más fuerte. Ellos no comprenden tus luchas.
- Cuando Jesús envía ayuda, no desprecies tu oportunidad porque se presentó de una manera distinta a la que esperabas.

- La misericordia de Jesús jamás falla.
- Su misericordia perdura por todas las generaciones.
- Podrás pedir por una sola cosa, pero Jesús, quien conoce todo, hará excesivamente y abundantemente más de lo que tú le pides.

Una Escritura de Sanidad - Salmos 103:1-5

Padre, gracias que Tu Palabra me dice Bendice, alma mía, a Jehová, Y bendiga todo mi ser Su santo nombre. También me dice Bendice, alma mía, a Jehová, Y no olvides ninguno de Sus beneficios. Gracias por ser Quien perdona todas mis iniquidades, y Quien sana todas mis dolencias; Quien rescata del hoyo mi vida, Quien me corona de favores y misericordias; Quien sacia de bien mi boca de modo que me rejuvenezca como el águila. Gracias por Tus promesas en esta escritura y ayúdame a comenzar a disfrutar los beneficios de pertenecer a Ti, en el nombre de Jesús.

Amén!

De La Incredulidad A La Creencia

P uedes recordar un tiempo cuando operabas en incredulidad a pesar de saber que Dios cumple sus promesas? Al revisar nuestras vidas, creo que muchos de nosotros podemos recordar muchas veces en que dudamos de que el resultado de nuestra situación sería favorable.

La mayoría de la gente tiene la tendencia a inclinarse más hacia una mentalidad negativa que una positiva. Hay un temor profundo dentro de nuestras almas que nuestras luchas jamás terminarán y las bendiciones jamás vendrán. Cuanto más esperamos en la manifestación, hay mayor temor a que no recibiremos los resultados que deseamos. En medio de nuestra oración y mientras permanecemos firmes en la fe, todavía estamos desafiados a creer que podemos ganar en las situaciones difíciles en la vida. Declaramos la Palabra, pero de alguna manera nos desalentamos cuando no vemos cambios inmediatos en nuestra salud, nuestra situación financiera, nuestra familia o en nuestro empleo. Queremos saber porqué Dios no se ha movido cuando hemos orado tan diligentemente.

Algunos creemos que Dios no nos ha liberado porque hay algo

en nuestra vida que lo tiene descontento y esto le causa a no darnos favor. Déjame decirte claramente, Dios no castiga a Sus hijos, Dios nos disciplina para nuestro bien. Él no es un Padre cruel o áspero. Ningún acto de maldad puede cambiar el amor profundo, devoción y compasión que fluye del corazón de nuestro Padre hacia nosotros.

Al estudiar la Biblia, me anima ver la cantidad de hombres y mujeres quienes tenían grandes defectos de carácter, y sin embargo, Dios los utilizó poderosamente. Veamos unos ejemplos para que podamos ser animados que si Dios pudo transformar sus vidas y luego usarlos, Él puede hacer lo mismo para nosotros. Adán y Eva desobedecieron a Dios y causaron la muerte espiritual para todas las personas después de eso. Caín mató a Abel, sin embargo Dios lo defendió y retó a quien quisiera dañarlo. Abraham mintió acerca de su esposa Sara diciendo que era su hermana. También obstruyó el plan de Dios de procrear un hijo de la promesa y tuvo a Ismael con la mujer esclava.

Jacobo conspiró con su madre para robar la primogenitura de su hermano Esaú y luego se desapareció por muchos años evitando represalias. José fue jactancioso acerca de los sueños que Dios le dio, y como resultado, sus hermanos se convirtieron en celosos y lo vendieron a la esclavitud, a pesar de querer inicialmente matarlo. Moisés era un asesino que huyó de ser encarcelado pero Dios lo utilizó más adelante para liberar a Su pueblo escogido. Estos ejemplos nos enseñan que la humanidad tiene retos morales tremendos, sin embargo nuestro Dios, Quien es fiel, tiene el poder de redimirnos, liberarnos, y después usarnos para Su gloria.

Nuestras luchas contra la incredulidad provienen de nuestra incertidumbre que Dios responderá hacia nosotros con favor. Cuanto más luchamos, más profunda es nuestra incertidumbre y nuestro temor que jamás tendremos los que deseamos. En nuestro ministerio a los pobres y los menos privilegiados en la sociedad, hemos encontrado que su situación puede cambiar y ser mejor. Algunas personas han vivido en esas condiciones deplorables por tanto tiempo que es difícil para ellos creer que las cosas pueden cambiar. Si no somos capaces de cambiar sus creencias los cambios que desean enormemente se convertirán en algo imposible.

Todos necesitamos una razón para tener esperanza, nuestra esperanza está ligada a nuestra creencia. Necesitamos algo positivo que esperamos que nos guardará de ceder y seguir perseverando hasta el final. Comprendo perfectamente las luchas de seguir creyendo y esperando cuando el camino ha sido pavimentado con dificultades. A veces tenemos que pararnos firme y decidir que no importa cómo se ve la situación en lo natural porque Dios tiene la última palabra sobre el resultado.

La incredulidad te robará la paz y te mantendrá en un hoyo de desesperación. Hay una gran guerra que ocurre en nuestras mentes mientras intentamos mantener nuestras confesiones de fe. Tenemos que pelear para estar en paz. También tenemos que pelear contra la depresión o para mantener los pensamientos depresivos al margen. En ocasiones tendrás que decir una y otra vez "Dios me llevará a través de esta situación y Él me dará el resultado correcto, en el nombre de Jesús.

Incredulidad nos mantendrá en un ciclo negativo que es difícil romper. En mis años de orar y animar a los demás, he oído la desesperación de las personas como responden con "¿Qué tal si es cáncer? ¿Qué pasa si no sobrevivo este problema?" Su clamor es una súplica pidiendo consuelo y seguridad de que Dios oye y responde en medio de sus crisis. Aunque podemos dar consuelo, todavía depende de la persona tomar una decisión que pueden confiar en Dios no importando el resultado.

No hay manera que tú o yo podemos depositar nuestra fe dentro de los corazones de la gente, porque no somos quienes estamos enfrentando las dificultades. Cada persona debe de encontrar su propia fe del tamaño de una semilla de mostaza para tener fe por sí mismos. Durante las altas horas de la noche o de la madrugada cuando no hay nadie disponible con quien hablar, Dios siempre está ahí, listo y dispuesto para escuchar. Aunque la gente esté intercediendo por nosotros, no podremos sobrevivir y superar la situación por medio de sus creencias o su fe.

Algunos de nosotros deseamos la fe que vemos operando en otros. Hay gente que simplemente creen en Dios. Ven problemas frente a ellos, pero su vista no está empañada por lo que ven. Su punto de vista es que Dios es más grande que cualquier cosa que enfrentan. Hay muchos que se esfuerzan para llegar a este lugar de fe y descansar en la fidelidad de Dios. La Biblia nos da muchos ejemplos de personas de gran fe, podemos aprender de ellos como ir de incrédulo a creyente sabiendo que todo saldrá bien para nosotros también.

En Juan 4 encontramos un ejemplo estelar de una persona quien simplemente creyó en la Palabra de Jesús a pesar de estar en una circunstancia devastadora. Al viajar a través de su historia conmigo, pídele al Espíritu Santo que te ayude aplicarlo a tu propia situación.

Sin embargo, los galileos lo recibieron bien, porque habían estado en Jerusalén durante la celebración de la Pascua y habían visto todo lo que él hizo allí. En su paso por Galilea, Jesús llegó a Caná, donde había convertido el agua en vino. Cerca de allí, en Capernaúm, había un funcionario de gobierno que tenía un hijo muy enfermo. Cuando supo que Jesús había ido de Judea a Galilea, fue a verlo y le rogó que se dirigiera a Capernaúm para sanar a su hijo, quien estaba al borde de la muerte.
Juan 4:45-47 (NTV)

Déjame configurar el escenario de esta historia repasando los versículos anteriores del capítulo. Jesús había estado en Samaria donde liberó a la mujer samaritana quien estaba en el pozo de

Jacob. Inicialmente Él iba en camino a Galilea cuando se detuvo. La ruta normal para llegar a Galilea era a través del valle del Jordán. Jesús, sin embargo, tomó un camino diferente para así encontrarse con esta mujer para sanarla y hacerla íntegra. Por esto se puede inferir que Jesús está dispuesto pasar por inconvenientes para llevar sanidad a las vidas de las personas. Una vez que la mujer samaritana y la ciudad entera fueron convertidas, continuó en su viaje a Galilea. Él emprendió este viaje a Galilea un año después de que había realizado allí su primer milagro de convertir agua en vino. El milagro que Él actuaría para el hijo de este hombre de nobleza era Su segundo milagro en Caná de Galilea.

La primera persona quien recibió a Jesús al llegar, fue este hombre incrédulo. Él aun no creía que Jesús era el Cristo, el Hijo de Dios, pero creía en los milagros que Jesús realizaba.

Una situación desafiante en nuestras vidas frecuentemente nos motiva a muchos de nosotros acercarnos a Jesús, aun cuando no creemos en Él. Otros se alejan de Él porqué Lo culpan por los males que están pasando. Sin embargo cuando Él toca y cambia nuestras situaciones, esto causa que abramos nuestros corazones a Su poder salvadora.

Esto fue lo que pasó con este hombre. Este noble era uno de los oficiales de Herodes quien vivía en Capernaúm. Lo que hay que ver en este milagro es que Jesús sanó al hijo de un hombre quien servía a Herodes. Dos años después de este milagro, Herodes enviaría a Jesús a Su crucifixión. Jesús, Quien es Dios, aun plenamente consciente de esto, no discriminó ni titubeó en darle ayuda al hombre. Debemos de seguir Su ejemplo y ayudar a las personas aunque pensemos que no lo merecen. Aunque la gente nos trate injustamente, no debemos de retener el amor y la compasión de Jesús hacia ellos.

Capernaúm estaba aproximadamente quince millas de Caná de Galilea, por lo tanto, el noble tendría que viajar aproximadamente cinco horas a pie o en caballo para encontrarse con Jesús. Estaba desesperado por un milagro y estaba dispuesto a hacer lo que fuera necesario para asegurarse que lo recibiría. Puesto que este hombre tenía una posición de alto rango, podemos concluir que él había llevado a su hijo a los mejores médicos sin recibir ningún resultado. Por lo tanto, Jesús era su última esperanza.

Por un momento, debemos caminar en los pasos de este noble. Decidió hacer el viaje largo para presentarse con el Obrero de Milagros a quien no había previamente conocido en persona. Probablemente todavía no creía que Jesús era el Mesías. Estoy segura de que los pensamientos negativos bombardearon su mente durante cada paso tedioso en el camino; pensamientos de que estaba perdiendo su tiempo y que el tiempo que estaba consumiendo para ver a Jesús podría ser mejor utilizado pasándolo con su hijo moribundo. Como la mayoría de nosotros, probablemente luchó contra los pensamientos de "Qué pasaría si". ¿Qué pasaría si su hijo moría mientras él estaba ausente? ¿Qué pasaría si su hijo, en los momentos antes de morir, pedía ver a su padre que no estaba allí? ¿Qué pasaría si antes de llegar hacia Jesús recibiría la noticia que su hijo había muerto? Paso a paso pensó en su hijo cuya vida colgada en el equilibrio. Paso a paso tuvo que luchar contra la incredulidad y aferrarse a la esperanza que algo bueno saldría de su decisión de reunirse con Jesús. Estás recibiendo una buena imagen de su situación?

Cuáles son tus "Y que si? Puedes creer que Jesús está solamente a unos pasos por darte un milagro.

La desesperación de este hombre por ver a su hijo sano fue la fuerza que lo impulsó hacia su milagro. Aunque llevaría muchas horas para llegar a Jesús y luego volver a casa, no le importó, porque su situación requería medidas urgentes. Hemos enfrentado o en el futuro enfrentaremos situaciones que a veces pueden requerir que tomemos algunas medidas urgentes para poder recibir nuestra recompensa. A pesar de que cada paso de la jornada es agonizante, nuestra esperanza en Él que servimos nos mantiene caminando hacia delante.

Este noble todavía no creía en Jesús pero hizo el viaje. Creía en los milagros que había oído, pero no había desarrollado fe en el Obrero de Milagros. Él no titubeó con incredulidad acerca de recibir su milagro. En su corazón debe de haber concluido que se le concedería su petición. Esa fue la única razón lógica para emprender tal viaje.

Considera por qué este hombre tendría fe para el viaje. Es posible que supiera personalmente que alguien había recibido un milagro de Jesús? Aunque todavía no conocía al Salvador, debe de haber razonado que una persona que tomaría tiempo para satisfacer las necesidades de los menos afortunados debe ser alguien quien tenía gran amor por la gente. Su fe en lo que oyó fue constante y segura.

Me recuerda de la escritura en 1 Corintios 15:58 cuando pienso en la tenacidad de este hombre de nobleza. Dice así, "Por lo tanto, mis amados hermanos, permanezcan fuertes y constantes. Trabajen siempre para el Señor con entusiasmo, porque ustedes saben que nada de lo que hacen para el Señor es inútil." Duda no movió a este noble de su decisión. El temor y la incertidumbre no pudieron detenerlo. Fue inmovible y creyó que su labor de amor por su hijo no era en vano. Jesús lograría el milagro a través de él.

El Hombre de Nobleza Se Presenta Ante Jesús

Al profundizar más en esta historia, verás que Jesús está disponible incluso para aquellos quienes no lo reconocen como Señor. El noble había concluido su viaje y ahora estaba en presencia de Jesús. Vamos a escuchar la conversación que lo llevó a su milagro.

Cuando supo que Jesús había ido de Judea a Galilea, fue a verlo y le rogó

que se dirigiera a Capernaúm para sanar a su hijo, quien estaba al borde
de la muerte. Jesús le preguntó:
¿Acaso nunca van a creer en mí a menos que vean señales milagrosas y
maravillas?
Señor, por favor, suplicó el funcionario, ven ahora mismo, antes de que
mi hijito se muera.
Entonces Jesús le dijo: Vuelve a tu casa. ¡Tu hijo vivirá! Y el hombre creyó
lo que Jesús le dijo y emprendió el regreso a su casa.
Juan 4:47-50 (NTV)

El noble le rogó a Jesús por la sanidad de su hijo, pero la respuesta de Jesús no fue muy acogedora. Jesús no le dio una respuesta directa. Su respuesta no parecía ser llena de su compasión normal. Dijo, "Acaso nunca van a creer en mí a menos que vean señales milagrosas y maravillas." Expliquemos lo que Jesús estaba diciendo aquí. Parece que Jesús puede haber estado un poco irritado porque aun lo buscaba otra persona, pero no con el propósito de conocer a Dios.

Él vino al mundo para presentar a Su Padre, pero muchos no recibieron este regalo. Su tarea consistía en traer de nuevo a la gente a Dios invitándoles a denunciar sus malos caminos. Sin embargo muchos clamaban sólo para ver más y más milagros.

Jesús suena cansado en el texto, pero aún responde al hombre. Lo más interesante en esta historia es que el hombre no toma ofensa en las palabras de Jesús. Ignora el reproche y se mantiene firme en el propósito de la visita con Jesús. Le repite su petición, "Señor, ven antes de que muera mi hijo." Durante este dialogo el noble en ningún momento se dirige a Jesús por Su nombre o por Su titulo de Salvador o Mesías. Con todo respeto se dirige hacia Él como Señor porque esto es lo único que sabe hacer. Jesús le responde que su hijo vivirá.

Recuerda que en el Capítulo 5, compartí la historia sobre el centurión que envió algunos hombres judíos a Jesús para pedir por la sanidad de su siervo. Al hacer contraste con estos dos milagros, vemos que este hombre no envió sus siervos o amigos a Jesús. Fue él mismo. No estaba buscando un milagro para un amado siervo, buscaba un milagro para un hijo amado.

La diferencia en las dos historias es que el centurión amaba a su criado como un hijo, pero el noble era un padre que amaba a su hijo. Nadie podría realizar esta tarea con la misma pasión y devoción como el padre que se preocupaba por perder a su hijo. Nadie podría comunicar la desesperación de este padre a Jesús más que el mismo padre. Si él había enviado a otra persona, cuando Jesús dio el reproche, esa persona puede haberse ofendido y no continuar presionando por la ayuda de Jesús. Este padre había experimentado la desesperación asociada con ver a su hijo sufrir y sentirse incapaz de cambiar su situación. Él era la persona más indicada para hablar con Jesús.

Piensa en algunas de tus luchas. Podría alguien haber comunicado tus necesidades a los que te ayudaron mejor que tú? Podría alguien haber derramado hacia fuera tu desesperación a Jesús como tú? Nadie puede expresar nuestras angustias o dolores a Jesús como nosotros.

Cuán agradecida estoy que tenemos acceso al Padre quien escucha los gritos y las súplicas de Sus hijos. Él no tiene oídos sordos a nuestras peticiones, aun si sólo lo buscamos con urgencia al enfrentarnos con una situación devastadora. Acaso no estás contento de que Dios es fiel a nosotros aun cuando nosotros somos infieles a Él? Te imaginas cómo sería nuestra vida si Jesús fuera inconsistente en su devoción con nosotros como nosotros hemos sido con Él? Nuestras vidas estarían llenas de situaciones devastadoras de las cuales muchos no podríamos recuperarnos jamás. Pero Él sigue siendo fiel en todo momento. Él siempre está esperando que vuelvan a casa Su hijo pródigo o Su hija prodiga, y siempre nos recibe con brazos abiertos.

La respuesta de Jesús fue diferente a ambos hombres de alto

rango. Estaba dispuesto a ir a casa del centurión, pero con este padre, no sugiere ir con él. Jesús simplemente dio Su Palabra. No creo que Jesús tuvo menos compasión hacia el hijo del hombre noble. Igual que con el centurión, Jesús reconoció que este hombre tenía fe para creer lo que le dijeron. El noble también tenía criados quienes recibían y cumplían sus órdenes. El hombre oyó las palabras de Jesús, las creyó y se dio la vuelta para comenzar el viaje hacia su casa.

El Viaje de Regreso del Hombre Noble

Puesto que examinamos el viaje del noble para conocer a Jesús, también examinaremos su viaje de regreso a su hogar después de escuchar las palabras de Jesús. Cuando Jesús dijo "Vete, Tu hijo vive," tuvo que tomar la decisión de creer las palabras. Observa que Jesús no pide el nombre de su hijo o incluso cual era la enfermedad. Incluso no oró con el hombre por la sanidad del hijo. Simplemente habló las palabras y fue suficiente. Recuerda, este hombre era un incrédulo y no un seguidor de Jesús. Estaba en una encrucijada y necesitaba tomar la decisión de retirase con fe absoluta. Él había oído hablar de otros milagros pero tenía que confiar en que Jesús estaría abierto a ayudar a alguien que todavía no había dado su lealtad a Él. Escogió correctamente y creyó las palabras del Salvador. Armado con estas palabras, comenzó su viaje de regreso hacia su casa.

Creo que probablemente este hombre es como muchos de nosotros en relación con confiar en las palabras del Salvador. Las escuchamos y las recibimos, pero también hay que caminar por fe. El noble tenía un viaje de quince millas hacia su casa para meditar en las palabras de Jesús y no saber si su hijo estaba vivo. En aquel siglo no había teléfonos celulares, correos electrónicos ni mensajes de texto, así que no tenía ninguna manera de comprobar si la sanidad se había manifestado. Creo que es lo más probable que el enemigo intentó lo mejor que pudo para disuadir a este hombre de confiar en Jesús. Tuvo batalla en contra de la duda y la incredulidad. También tenía que razonar con sí mismo y sostener firmemente su fe aunque no conocía personalmente a Jesús, Él era una persona de palabra. Paso a paso este hombre incrédulo tuvo que reconocer y aceptar que Jesús tenía el poder de hablar palabras de sanidad y aun estando a una distancia, esas palabras se cumplirían. Este hombre debe haberse preguntado si alguna vez Jesús había sanado a quien no estaba en su presencia, pero aun el noble creyó.

Me imagino que el diálogo que debe haber tenido lugar en la mente de este hombre era probablemente el mismo diálogo que tú y yo hemos tenido cuando nos enfrentamos con la opción de creer o no creer. Muchos de nosotros hemos tenido temporadas en nuestras vidas cuando simplemente hemos tenido que aceptar la palabra de Jesús a la letra. Hemos creído que Su muerte en la cruz nos proporciona vida eterna. También hemos creído que al confesar nuestros pecados y al entregarle nuestras vidas hemos recibido perdón. Así mismo debemos aprender a confiar en que las promesas que É ha profesado a nuestros corazones también se cumplirán.

Puesto que el noble no era un creyente en Jesús, qué le hizo creer que había recibido su milagro? Cuando muchos de nosotros estamos en situaciones desesperadas, a menudo llegamos al final de nosotros mismos y nuestras capacidades. La mayoría de la gente buscará al Único quien tiene la solución. Este hombre había llegado al final de sí mismo y, como resultado de su desesperación, había encontrado el camino hacia Jesús. Estoy segura que los testimonios que escuchó le aseguró que Jesús era genuino; por lo tanto, tenía esperanza por lo que era posible. Determinación y desesperación fueron las fuerzas impulsoras. Puesto que él había intentado garantizar la curación de su hijo a través de los esfuerzos de los demás sin éxito, su única esperanza era el Obrador de Milagros.

Considera que antes de que Jesús apareciera en la escena, nadie había hecho milagros, sanado gente o liberado a los oprimidos. Desde la muerte del profeta Malaquías, el cielo había sido cerrado por cuatrocientos años y los judíos no habían recibido palabra directa de Dios durante esos años.

El noble guardó las palabras de Jesús en su corazón durante su viaje de regreso a casa. Estas palabras se convirtieron en vida para él. La curación estaba en la palabra hablada y esto fue lo que mantuvo al hombre noble firme mientras hizo la jornada larga hacia su casa.

Salmo 107:20 dice "Envió su palabra para sanarlos, y así los rescató del sepulcro."

Para cuales cosas estas creyendo? Es por sanidad, por un trabajo, por un familiar, por un cónyuge o por los propósitos de Dios para tu vida? Puedes aceptar que las palabras que Jesús ha hablado a tu corazón están embarazadas con provisiones que dan vida? Él no las habría hablado si no tiene el deseo o la energía para realizarlas. A pesar de que no Lo ves como la gente de siglos pasados, Sus palabras siguen siendo tan poderosas hoy como eran cuando caminó sobre la tierra.

Salmo 138:2 dice que Él ha exaltado Su nombre y Su palabra por sobre todas las cosas. Desde que puso Su Palabra por encima de Su nombre poderoso, asegura que se cumplirá en tu vida. La Biblia nos dice que el cielo y la tierra pasarán pero Su Palabra jamás pasará (Mateo 24:35). Estas escrituras revelan lo potente que es la Palabra de Dios. Como el noble, puedes mantenerte firme en Sus palabras, porque Él es fiel y pasaran todas y cada una de ellas en tu vida.

Desde La Incredulidad Hasta La Credulidad

Cuando el noble fue a ver a Jesús no estaba buscando salvación. Por lo tanto su fe no era "fe salvadora", era fe por su necesidad. Este hombre no estaba buscando un Salvador, estaba buscando a un sanador. Es aparente que el hombre noble les informó a su familia y a sus criados de su decisión de buscar a Jesús para recibir un milagro. Juan 4:51 nos dice que cuando se dirigía a su casa, sus siervos salieron a su encuentro y le dieron la noticia de que su hijo estaba vivo. Esto indicaría que estaban conscientes de su viaje ya que sabían dónde buscarlo para compartir la buena noticia.

Esto es un gran ejemplo de cómo ensenar a otros creer en el poder de Jesús. No sólo estaba buscando un milagro, pero todos a su alrededor también estaban buscando esto. Por lo tanto, cuando Jesús sanó a este joven, muchas de las personas llegaron a ser conscientes de que todo el poder estaba en Jesús. Él únicamente tenía el poder de sanar y liberar a los enfermos y a los oprimidos; esto les causaba abrir sus corazones y aceptarlo.

Considera la emoción y la alegría que llenó ese hogar cuando el joven se levantó de su cama completamente sano. Ellos estaban velando la llegada de su amo y estaban ansiosos de compartir la noticia maravillosa con él. Ve de cerca la respuesta del amo y verás que un cambio había tenido lugar en su corazón en el viaje de regreso.

Cuando el amo oyó que su hijo estaba sano, no saltó con emoción, aunque podemos estar seguros que estaba lleno de alegría. Juan 4:52 nos dice que cuando les preguntó a sus criados a qué hora había comenzado su hijo a sentirse mejor, le contestaron: "Ayer a la una de la tarde se le quitó la fiebre." El padre se dio cuenta de que la curación se llevó a cabo en el momento exacto en que Jesús había habló palabras.

Mientras viajaba a casa el noble, había tenido la oportunidad de examinar su vida en comparación a las palabras que Jesús había hablado sobre las personas que sólo querían ver señales y milagros. Es triste decirlo, pero muchas personas sólo siguen a Jesús por lo que pueden recibir de Él. Lo persiguen no para conocerlo y para servirle con devoción sincera, sino para recibir una bendición. Desafortunadamente un número de estas personas volverán a sus viejos estilos de vida y olvidarán lo que Jesús ha hecho para ellos.

Hace unos años experimenté uno de los grandes milagros de Dios. Estábamos en un viaje de misión en Marcala, Honduras, cuando un miembro fiel de nuestro equipo recibió la noticia que su hermana estaba gravemente enferma y en estado de coma. Se encontraba en un hospital en la ciudad donde vivía este miembro. Nos reunimos a su alrededor y oramos para que Dios la levantara.

Este miembro fiel decidió que Dios no fue tomado por sorpresa con esta enfermedad, y puesto que lo permitió durante el viaje de la misión, entonces Dios iba a cambiar el resultado. Se le dio la opción de regresar a casa pero decidió permanecer y terminar su tarea. Al llegar a casa se fue directamente al hospital y pasó la noche ahí en oración intercediendo por su hermana.

Al día siguiente junto con dos miembros de mi Mesa Directiva, fuimos al hospital para orar por la hermana porque su situación era grave. Nos encontramos con el marido y unos amigos que estaban angustiados. Al mirar esta señora conectada a todo el equipo médico, nos dimos cuenta de que si ella iba a sobrevivir sólo sería por la gracia de Dios. La ungimos y oramos por ella. Al terminar la oración, escuché la voz del Señor decir estas palabras. "No morirás, sino que has de vivir para contar lo que el Señor ha hecho" (Salmos 118:17), entonces susurré estas palabras directamente en su oído.

Hablamos con el marido compartiendo el amor y la compasión de Dios. También preguntamos si tenía una relación con Jesús, y su respuesta fue que aunque había sido salvo una vez, no permanecía fiel en su fe y no había asistido a una iglesia desde hace mucho tiempo. Entregó de nuevo su corazón al Señor y nos fuimos del hospital creyendo que Dios honraría a nuestra miembro del equipo y sanaría a su hermana. Unos días después Dios obró y su hermana salió de la coma sorprendiendo a la familia, los médicos y las enfermeras. Esta mujer había sanado totalmente por el poder de Jesús y regresó a su trabajo unas semanas después. Servimos a un Salvador maravilloso.

En los meses que siguieron, no había comprobado si el marido había mantenido su palabra y junto con su esposa habían vuelto a la iglesia. Lamentablemente, no lo habían cumplido. Un año más tarde este miembro del equipo tuvo una cirugía y fuimos al hospital a visitarla. Su hermana estaba en la cuarto con ella pero no la reconocí. Alguien me recordó que ella era quien Dios había sanado. Estaba completamente sana sin ningún efecto de su trauma pero no había entregado su vida a Cristo. Seguimos orando por su salvación y esperamos que no tenga que pasar por otra crisis para que se dedique al Salvador. Es lamentable que muchas personas quienes persiguen a Jesús en el momento de su mayor necesidad y Él les da la sanidad aún así no deciden servirle.

Me alegro por este ejemplo bíblico del noble. La Biblia dice que él y su casa entera creyeron en Jesús al oír la noticia de la sanidad de su hijo. Cuando escuchó a la hora en que su hijo fue sanado, él no pretendió que nadie más que Jesús había realizado este milagro. No permitió que el enemigo lo convenciera de que la enfermedad de su hijo no era tan grave. El enemigo es muy bueno en convencernos para no dar el reconocimiento adecuado y gracias por lo que Jesús hace. Este hombre no preguntó sobre ninguna cosa más de lo que Jesús había hecho. Él estaba más interesado en Jesús que en los detalles del milagro. Me pregunto si aun habría creído en Él, si el milagro no se habría manifestado en el momento exacto en que Jesús envió Su palabra.

Muchas veces esperamos que Jesús se mueva dentro de nuestro horario pero su tiempo es muy diferente al nuestro. Jesús sabía que era vital que este milagro se realizara en el día y en el momento exacto de la petición para que este hombre y su familia creyeran en Él. Creyeron debido al milagro. Ellos vinieron a tener "fe salvadora" porque Jesús llegó a sus vidas; las tocó y sanó a alguien quien ellos amaban. Creían no sólo por lo que oyeron sino también por lo que vieron. Muchos de nosotros tenemos que creer antes de recibir la manifestación. Es lo que es la fe.

Antes de terminar este capítulo, quiero hacerles algunas preguntas. Crees en la palabra de Jesús? Estás esperando la manifestación antes de cree? Qué tan dispuesto estás para confiar plenamente en Jesús y simplemente creer en Su palabra? Crees que tu situación es más grande que Jesús? Crees que Jesús responderá a tu clamor por ayuda? Estas preguntas importantes y tus respuestas a ellas te ayudarán a estar listo cuando el enemigo viene contra ti. Puedes estar seguro que Jesús tiene las respuestas y cuando habla Su Palabra sobre tu situación, tu victoria está asegurada. Puedes confiar en Jesús. Él siempre mantiene Su Palabra.

Puedes creer? Yo sí creo!

Lecciones Que Debemos de Vivir

- Los incrédulos también experimentarán el poder milagroso de Jesús.
- Las palabras de Jesús tienen el poder de sanar aun desde la distancia.
- Debemos no sólo buscar a Jesús para recibir milagros sino para recibir la salvación.
- Tenemos que perseverar para recibir nuestros milagros.
- Si estás desesperado por encontrarte con Jesús, te encontrarás con Él.
- Cuando Jesús habla debemos aceptar Su palabra.
- Debemos activar nuestra fe para recibir nuestros milagros.
- Milagros llevarán a los incrédulos a la fe en Jesús.

Una Escritura Para Sanidad – Jeremías 30:17

Padre, gracias por Tu promesa para restaurar mi salud y a sanar mis heridas. Yo creo Tus palabras y confío en Ti para hacer lo que dices. Por lo tanto, hoy en este día, actuando en fe, declaro que yo estoy sano(a) en el nombre de Jesús. **Amén.**

Levántate Y Sé Sano

M i intención a lo largo de este libro ha sido recordarte que no importa lo que enfrentes, el Sanador, Jesús, está disponible para escuchar tus peticiones. Él responde a tu clamor para recibir misericordia y ayuda. No está lejano cuando te sientes desesperado. Está cerca de los quebrantados de corazón. La Palabra de Dios está llena de ejemplos de un Padre amoroso, cuidadoso y compasivo quien está disponible para Sus hijos. Su gran compasión es el resultado de Su gran amor por nosotros.

Algunas personas pueden preguntar por qué hay enfermedades en el mundo si Dios es tan amoroso y compasivo. Otros luchan con ver a los niños que están enfermos y sufriendo incluso antes de comenzar a vivir sus vidas. La devastación que vemos a nuestro alrededor no es por designio de Dios. Él no es el autor del mal o la enfermedad. La enfermedad y el sufrimiento son el resultado del enemigo obrando un nuestro mundo y en las vidas de la gente quienes viven en el mundo.

Algunas personas pueden preguntar por qué Dios lo permite. La respuesta sencilla es porque Dios nos da libre albedrío, y hemos elegido el pecado. Con nuestras opciones, quiero decir que Adán y

Eva se dejaron convencer por el diablo en el Jardín de Edén y comieron del fruto que Dios les había prohibido comer. Como resultado de la elección de comer lo que Dios dijo que no comieran, el pecado y sus consecuencias nacieron en la raza humana.

He escuchado personas decir que, puesto que Dios es un Dios tan grande, podría haberlos detenido. Sí, tal vez Él podría haberlos detenido, pero entonces no habrían tenido la libertad de elección. Se les dio libre albedrío al nacer igual que a nosotros. Podemos elegir lo que comemos, bebemos, o si fumamos o ponemos cosas en nuestro cuerpo que pueden causar que seamos susceptibles al mal o la enfermedad. Estoy consciente que los males y enfermedades no siempre son el resultado de lo que hemos hecho. Algunos son traídos por el enemigo. Sin embargo, se ha comprobado que muchas cosas que ingerimos en nuestro cuerpo son perjudiciales para nuestras vidas.

Muchas personas desean haber hecho mejores decisiones en la vida que no hubieran afectado su salud. Tengo una amiga cercana cuya madre fumaba. Cuando se le informó de los efectos y daños de fumar, ella respondió, "Todos tenemos que morir de algo." Lamentablemente algunos años después de realizar esta declaración ella murió como consecuencia de cáncer del pulmón. La naturaleza dañina y toxica del cigarro causó que se enfermara y muriera prematuramente. No creo que todos tenemos que morir por causa de algo. Creo que podemos vivir a una edad madura y después de completar el propósito de Dios para nosotros en la tierra, nos vamos con Él a nuestro hogar celestial. La Biblia dice que la sanidad es el pan de los hijos (Mateo 15:26). Es el antídoto de Dios para lo que ha hecho Satanás en los cuerpos de la gente. Jesús calvó todos nuestros males y nuestras enfermedades en la cruz del Calvario y por Sus heridas fuimos curados (Isaías 53:5).

Hace años hubo un canto que nos daba aliento para levantarnos y ser curados en el nombre de Jesús. Las palabras de este canto nos recuerdan que hay sanidad en el nombre de Jesús. Si por medio de la fe le pedimos al Padre por sanidad en el nombre de Jesús, de acuerdo a Su Palabra, tendremos lo que decimos.

Esto no significa que siempre recibiremos de inmediato la curación. Algunas veces tenemos que esperar la manifestación. En otras ocasiones Dios nos da un milagro instantáneo. Si Dios no te sana inmediatamente no permitas que entre la duda a tu corazón. Jesús verdaderamente pagó todo por nosotros pero, por fe, tenemos que hacer nuestra parte en aceptar la curación que Él nos da.

En Marcos 5 leemos cómo Jesús liberó a un hombre poseído por demonios. Cuando todos vieron al hombre vestido y en su sano juicio, tuvieron temor. En vez de gozarse con Él, le dijeron a Jesús que se retirara. Creo que ellos tuvieron miedo del poder que se mostró en la vida de Jesús. En lugar de desear conocerlo mejor, el temor les causó perder la sanidad y milagros que podrían haber disfrutado en su vida.

Después de que Jesús partió de ese lugar, cuando llegó a puerto su nave, un grupo se encontró con Él. Unos de los líderes de la sinagoga estaban dentro del grupo. Se acercó y se postró a los pies de Jesús.

Al pasar más tiempo estudiando la Palabra, más me parece que la gente, en medio de sus luchas, viene y cae a los pies de Jesús. Creo que es importante tener esto en cuenta. Cuando las personas se encuentran en situaciones desesperadas, la respuesta más automática es buscar quién tiene las soluciones a sus problemas. Muchos en la Biblia reconocieron que estaban en la presencia del Sanador y escogieron humillarse delante de Él. Cuando obramos con humildad, siempre nos encontramos con el poder de Jesús. Cuando reconocemos nuestras capacidades limitadas, llegaremos a reconocer la suficiencia de nuestro Dios.

El gobernante de la sinagoga quien se encontró con Jesús era un líder exaltado en aquel tiempo. Había leído y había enseñado el Antiguo Testamento en la sinagoga judía. En esta época sería llamado un pastor. Su desempeño era ser uno de los supervisores que manejaba problemas de la comunidad, oficiaba los funerales, manejaba las transacciones legales y supervisaba la sinagoga. Este hombre era también responsable de asignar a la persona que traería los sermones cada sábado. En aquellos días la gente se turnaba en compartir los mensajes, diferente a hoy en día cuando generalmente hay un pastor que entrega el mensaje.

Estoy pintando un cuadro de quién era este hombre para que tengas un entendimiento claro de que este hombre reconoció la necesidad de la ayuda del Salvador. Se humilló cayendo a los pies de Jesús en vista de las personas que lo conocían, independientemente de su posición de alto rango en la sociedad. Él no estaba avergonzado de adorar al Único quien tenía la solución a su problema.

La razón de su humildad era que su hija estaba a punto de muerte y él quería que Jesús la sanara. Su gran necesidad le condujo a Jesús. Él conocía la ley y entendía las escrituras pero aún no conocía al Sanador del Antiguo y Nuevo Testamento. Lectura de las escrituras nos recuerda que Jesús siempre está trabajando en la vida de muchas personas.

Jesús entró de nuevo en la barca y regresó al otro lado del lago, donde una gran multitud se juntó alrededor de él en la orilla. Entonces llegó uno de los líderes de la sinagoga local, llamado Jairo. Cuando vio a Jesús, cayó a sus pies y le rogó con fervor: "Mi hijita se está muriendo, dijo. Por favor, ven y pon tus manos sobre ella para que se sane y viva".

Jesús fue con él, y toda la gente lo siguió, apretujada a su alrededor. Una mujer de la multitud hacía doce años que sufría una hemorragia continua. Había sufrido mucho con varios médicos y, a lo largo de los años, había gastado todo lo que tenía para poder pagarles, pero nunca mejoró. De hecho, se puso peor. Ella había oído de Jesús, así que se le acercó por detrás entre la multitud y tocó su túnica. Pues pensó: "Si tan solo tocara su túnica, quedaré sana". Al instante, la

hemorragia se detuvo, y ella pudo sentir en su cuerpo que había sido
sanada de su terrible condición.
Marcos 5:21-29(NTV)

Una cosa muy importante de ver en las escrituras es que este gobernante le rogó a Jesús para obtener ayuda. No hay ninguna vergüenza en rogar a Jesús por sanidad o ayuda. A diferencia de la mayoría de las personas que nos rodean, Él tiene gran compasión y no se burla de nosotros o nos desprecia por lo que necesitamos. Después de que Jesús le respondió a Jairo y comenzaron el viaje a su casa, una mujer le interrumpió. Ten en cuenta que la hija de Jairo estaba a punto de muerte, sin embargo, Jesús se detuvo cuando la mujer con el flujo de sangre Lo tocó. En el camino de la vida, habrá muchas interrupciones antes de recibir tu milagro. Analicemos la fe tenaz de la mujer y su milagro.

La Interrupción

En algunas ocasiones cuando buscamos los milagros de Dios para nosotros, nos encontramos con épocas de interrupción. Algunas cosas suceden en nuestras vidas y rompen nuestro enfoque y causan demoras. Tan importante como son nuestros milagros, tenemos que entender que si Dios permite una interrupción es para un beneficio mayor en nuestra vida o en la vida de alguien más.

La mujer sin nombre con la cuestión de la sangre es un ejemplo de Dios que nos muestra que interrupciones no siempre son algo malo. Considera que ella había estado luchando durante doce años y no pudo obtener ninguna ayuda incluyendo de los médicos. La Biblia dice que la vida del cuerpo está en la sangre (Levítico 17:11), por lo tanto, con su pérdida de sangre durante doce años, tenía que haber estado extremadamente débil. Su historia habla de perseverancia y fe tenaz. Está claro que esta mujer había oído acerca de

Jesús y los milagros que realizaba, y como resultado, Dios depositó una idea poco común en su corazón. Esto fue la disposición especial de Dios para su hija que había luchado por tanto tiempo y sufrido muchísimo. Recibió la palabra que Dios le habló, creyó y luego por lo que oyó, obró en fe. Dios le dijo que hiciera algo radical que nunca antes había hecho. Creyó que estaba oyendo directamente de parte de Dios y aceptó algo que estaba totalmente fuera de lo común, fuera de la norma, y fuera de lo que era legal y permitido. Creía firmemente en lo que Dios había dicho y creía que tocando el dobladillo de la túnica de Jesús iba a producir el milagro que necesitaba tan desesperadamente. No le importó que no tuviera ningún ejemplo que este tipo de milagro había sucedido anteriormente, esta era su oportunidad de recibir libertad y se aferró a ella con toda su fuerza.

Es importante que veamos su viaje hacia Jesús. Lo primero que necesitamos ver sobre esta época es que la gente se consideraba impura y tenía que alejarse del público si tenían algún tipo de enfermedad de la sangre. Por lo tanto, estoy convencida de que ella probablemente no le dijo a nadie de lo que Dios le había ordenado hacer para recibir su milagro, así ella evitaría que alguien la convenciera a no dar ese paso de fe. También no había pedido ningún tipo de ayuda porque probablemente no podía confiar en que alguien guardara su secreto. Dios fue su Único Ayudador al ir hacia Jesús.

Puede ser que algunos de ustedes sientan que su milagro ha sido interrumpido porque aun no lo han recibido. Sienten que el enemigo se los arrebató de la mano. A menudo mientras esperamos, terminamos quebrantados, frustrados y sin esperanza. Estos sentimientos pueden resultar en que no somos productivos y causarnos no seguir adelante. Si no tenemos cuidado, podemos amargarnos a causa de que el resultado no es el que esperábamos.

Jairo se encontró en esta situación. El milagro que estaba al alcance de su mano fue arrebatado cuando la mujer interrumpió a

Jesús. Él aun no comprendía que el Dador de los Milagros tenía el poder de la resurrección en Sus manos y podía darle un milagro mayor. Dios es fiel en que Él no permitirá que el enemigo te robe lo que Él tiene planeado depositar en tu vida. El diablo es un ladrón pero Dios rescata y redime lo que fue robado y te lo devuelve.

Esta mujer sin nombre es un héroe y su lección es valiosa para cada uno de nosotros. Creo que cuando Dios no nos da el nombre de la persona en la Biblia, tú y yo podemos poner nuestros nombres en las escrituras y saber que lo que Él ha hecho para ellos también hará para nosotros.

Recordemos que antes de esta interrupción Jesús se dirigía a casa de Jairo porque su hija estaba a punto de morir. Por lo tanto, pueden imaginarse lo que estaba pasando por la mente de Jairo? Probablemente son los mismos sentimientos y emociones con los que habrías luchado tú si Jesús se habría retrasado para hablar con esta mujer que no estaba a punto de morir, a pesar de que ella había estado desesperadamente enferma por muchos años. La hija de Jairo estaba en la puerta de la muerte pero Jesús no estaba apurado por llegar a ella.

Jairo probablemente estaba ansioso, nervioso, impaciente, frustrado y hasta un poco enojado que Jesús estaba perdiendo el tiempo hablando con esta mujer. Como muchos de nosotros podríamos haber pensado, "Ven Jesús, puedes ocuparte de sus problemas más tarde. Mi necesidad es mayor que la de ella."

Ponte en el lugar de Jario. Probablemente él estaba retorciendo las manos y apretando sus mandíbulas para evitar gritarle a Jesús que empezara a caminar. Jairo probablemente estaba esperando, deseando y orando desesperadamente que Jesús se diera prisa. Puesto que la mujer ya estaba sana, ya no había necesidad de más conversación. Sin embargo, Jesús hablaba con ella. Había algo más en medio de esta situación. Jairo requeriría un nivel de fe más allá de lo que era normal. Jesús no fue asignado solamente para curar a su hija sino también fue asignado para resucitarla de la muerte para que el poder de Dios fuera demostrado de gran manera a todos los que le seguían.

El Informe Negativo

La Biblia dice que mientras Jesús todavía estaba hablando con la mujer, llegó un informe, "Jairo, tu hija está muerta, para qúe seguir molestando al Maestro?" Esto fue un informe devastador e inoportuno. Jesús, al oír el informe, le dijo a Jairo que no tuviera miedo sino sólo creyera. Creer qué? Creer que el milagro podría ser todavía suyo? Creer en las palabras que había hablado Jesús cuando inicialmente él le pidió que curara a su hija?

Jesús no estaba sorprendido al oír el informe. Lo estaba esperando. Yo creo que el retraso fue intencional y fue plan de Dios porque una mayor revelación de que Jesús tenía el poder a su disposición estaba a punto de desplegar en medio del pueblo.

Lo primero que Jesús resolvió cuando habló con Jairo fue el temor. El temor es una de las mayores armas que el diablo utiliza contra las personas. En esencia Jesús le dijo a Jairo, "No dejes que el temor te cause creer en el informe equivocado." Ver el informe de que su hija estaba muerta era un hecho pero no era el informe final.

Algunos de ustedes han escuchado informes del médico y han tenido que elegir cuyo informe podrán creer. Creerás el informe, aunque parezca ser exacto o creerás que Jesús, quien es la Verdad, tiene un mejor informe de tu situación? Su informe es que tú has recibido sanidad, estás curado, estás libre y fuera de cautividad. Él dice que Él es de tu partei y por lo tanto tienes todo lo necesario para recibir la sanidad en el nombre de Jesús.

Jesús, la Verdad, estaba dirigiendo Su palabra a Jairo. Le dijo que sólo tenía que creer. Él le estaba diciendo, "No hagas ninguna otra cosa. Sólo cree que el informe que has recibido no es la verdad y lo que yo tengo planeado hacer es lo auténtico."

Jesús tranquilizó a Jairo y hace lo mismo para con nosotros. Él nos dice que no dejemos que las preocupaciones y la ansiedad se acomoden en nuestro corazón porque tenemos la respuesta en nuestro medio. Él es la respuesta!

Jairo tuvo que mantener la misma actitud de fe que tenía cuando inicialmente se acercó a Jesús. Él tuvo que continuar en la fe que Jesús todavía podía ayudar a su hija. Él se sintió desafiado para no dejar que las circunstancias negativas cambiaran su creencia.

Éste es nuestro desafío también. Las cosas negativas que vemos pueden hacernos creer que Jesús no va ayudarnos. Los informes negativos están diseñados para hacernos cambiar nuestras mentes. Jesús quiere que sigamos teniendo fe en Él. Podemos confiar en Él para recibir el resultado correcto. Debemos estar convencidos de que Él nos dará el resultado aunque tal vez en lo natural parece lo contrario.

Jairo tuvo que hacer sólo una cosa en su situación, CREER! La palabra "sólo" significa únicamente, simplemente, solamente, exclusivamente - sólo creer. Tuvo que tener un sólo enfoque - CREER EN JESUS.

Jairo, como muchos de nosotros, fue enseñado que la muerte es final. Sin embargo Jesús le pidió que creyera algo que parecía totalmente imposible. Era imposible para el hombre pero no para Jesús. Por lo que Jairo eligió creer, Jesús continuó Su viaje. Estoy convencida de que si hubiera elegido no creer, no habría habido ninguna necesidad para que Jesús continuara el viaje con Jairo hacia su casa.

Los Que Dudan

Es lamentable pero siempre habrá algunos quienes dudan del resultado cuando comienzas a seguir a Jesús esperando recibir tu milagro. Jesús nos da algunas lecciones claras en esta historia acerca de qué hacer acerca de los que dudan de su capacidad de producir milagros en nuestras vidas.

Jesús detuvo a la multitud y no dejó que nadie fuera con él excepto Pedro, Santiago y Juan (el hermano de Santiago). Cuando llegaron a la casa del líder de la sinagoga, Jesús vio el alboroto y que había muchos llantos y lamentos. Entró y preguntó: "Por qué tanto alboroto y llanto? La niña no está muerta; solo duerme." La gente se rió de él; pero él hizo que todos salieran y llevó al padre y a la madre de la muchacha y a sus tres discípulos a la habitación donde estaba la niña.
Marcos 5:37-40

Jesús redujo su círculo antes de realizar este milagro, y debemos seguir Su ejemplo. Lo primero que vemos es que no llevó los doce discípulos con Él. Tampoco se les permitió a la multitud de espectadores que Lo habían seguido continuar con Él en Su viaje. Tomó sólo tres de sus discípulos, los más cercanos a Él. Los otros nueve discípulos se quedaron para esperar Su regreso.

Espero que como yo, muchos de ustedes deseen una invitación para ir con Jesús cuando Él comience a obrar en las vidas de otros. Esto requiere que desarrollemos una relación cercana e íntima con Él, para que nunca sienta la necesidad de excluirnos de los milagros que realiza porque no estamos preparados.

Jesús estaba plenamente consciente de que al llegar a la casa habría espectadores e incrédulos, así que no había ninguna necesidad de llevar a otros consigo. La gente estaba causando un gran alboroto y causó que Jesús lo cuestionara. Jesús les dijo que la niña no estaba muerta sino dormida y ellos se rieron y se burlaron de

Él. Qué es lo que Jesús les estaba diciendo? Les dijo que el período de tiempo en que la niña estaba muerta solamente era como si estuviera dormida por soló un rato. Trató de asegurarles que ella no iba permanecer en ese estado por mucho tiempo, pero ellos no tenían fe como la de Jairo.

Hay que entender que Jesús es la Resurrección y la Vida y cuando Él está presente, cualquier cosa que haya experimentado una muerte prematura no permanece muerta. La gente continuó riéndose y burlándose de Él, por ésto los sacó fuera de la casa y cerró la puerta. Debo hacer una pausa aquí y hacer una aclaración. Tú y yo debemos reconocer aquellos entre nosotros quienes no están de parte del Señor. No todas las personas quienes dicen ser creyentes; realmente creen en el poder de Jesús para obrar milagros. Hay que tener mucho cuidado y no dejar quienes dudan y quienes son incrédulos acercarse a nosotros cuando tenemos una necesidad desesperada de recibir un milagro. Su falta de fe y sus burlas pueden retrasar el milagro o causar que nos preguntemos si Dios puede cumplir Su Palabra. Estas personas pueden causarnos duda y renuncia a nuestra fe. Jesús nos muestra lo que debemos de hacer para asegurarnos que recibamos nuestro milagro:

- Separamos de los que dudan y los incrédulos.
- Cerrar nuestros oídos y no escuchar su risa y su burla.
- No convivir con ellos.
- No dejar que se nos acerquen.
- Removerlos de nuestro círculo cercano.
- Reconocer quienes no están de acuerdo con nosotros y dejar de compartir las pepitas de oro que nos da Dios en Su Palabra.

Después de que Jesús cerró la puerta, redujo aun más Su círculo cercano. Únicamente llevó a los tres discípulos, la madre, y el padre con Él. Ellos serían los primeros testigos de este milagro maravilloso. Esto fue una gran oportunidad de entrenar y equipar a los discípulos preparándolos para extender el evangelio al mundo. Recuerda, cada milagro está diseñado para acercar a los incrédulos a Dios.

Hija, Levántate

Jesús preparó la escena para obrar este milagro creativo. Si tú hubieras estado fuera de la casa estoy segura de que te estuvieras preguntando qué era lo que iba a hacer y si era posible levantar a alguien de la muerte. Es probable que se pudiera palpar la duda y la incredulidad. Si hubieras formado parte del círculo cercano de Jesús, la anticipación y la emoción deben haber sido intensas e insoportables. Los discípulos y Jairo sólo habían presenciado la curación de una mujer que simplemente tocó su manto. Ahora estaban a punto de experimentar algo mayor que lo que había ocurrido anteriormente. Probablemente tenían cierta incertidumbre ellos mismos acerca de si era posible. Marcos 10:27 nos dice que puede ser imposible para el hombre, pero es posible para Dios. Leamos lo que hizo Jesús con la niña.

La tomó de la mano y le dijo: "Talita cum", que significa "Niña, levántate!". Entonces la niña, que tenía doce años, enseguida se puso de pie y caminó! Los presentes quedaron conmovidos y totalmente asombrados. Jesús dio órdenes estrictas de que no le dijeran a nadie lo que había sucedido y entonces les dijo que le dieran de comer a la niña.
Marcos 5:41-43

Mientras escribo esta escritura Bíblica puedo sentir el poder y la autoridad de Jesús y estoy en temor reverencial que Él nos ha dado la misma autoridad para sanar a los enfermos y resucitar a los muertos. Deseo caminar en sus pasos y espero que tú tengas ese mismo deseo. En Lucas 7 cuando levantó al hijo de la viuda de la muerte, Jesús simplemente dijo "Levántate". En Juan 11 cuando levantó a Lázaro, le dijo "Sal fuera". Jesús simplemente les dijo levántense, despiértense de su sueño y empiecen de nuevo. Él les dio un nuevo comienzo. Les resucitó de una muerte prematura, porque no era su tiempo y porque Dios quiso demostrar Su autoridad sobre la muerte y el sepulcro. Por medio del hecho de levantarlos de la muerte, Jesús dio esperanza y curó las heridas de las familias que estaban en dolor. Todo lo que Dios hace es para sanarnos y ayudarnos porque Él nos ama enteramente.

Al momento de que Jesús habló las palabras, sin titubear, la niña se levantó y caminó. 2 Corintios 5:8 nos dice que es preferible ausentarnos del cuerpo y estar presente en el Señor. En el instante en que Jesús le dijo que se levantara, su espíritu, que había vuelto a Dios de donde vino, inmediatamente volvió a su cuerpo y ella vivió la experiencia de la resurrección. La escritura dice que estaban asombrados. Quiénes estaban asombrados? Los discípulos que caminaban muy de cerca con Jesús así como los padres de la joven. Una cosa es que hayan estado asombrados los padres pero los discípulos ya deberían haber tenido el conocimiento del gran poder de Jesús para obrar los milagros. Sin embargo, también fueron sorprendidos.

Jesús les dijo que no dijeran lo que había sucedido a nadie. Cómo era esto posible, viendo que la niña estaba viva? Era muy evidente que Él hizo algo para hacer que ella viviera. Quiero proponer algo, podría Jesús haberles dicho que no compartieran cómo aconteció el milagro? Que tan fácil había sido? Él no había orado; no había clamado o rogado a Dios pidiendo ayuda. Jesús simplemente actuó con el conocimiento de Su Padre. Dios tenía el poder para resucitar a los muertos, y Él utilizó a Jesús como Su instrumento para lograr este milagro. Él hizo lo que le había dicho a Jairo que hiciera, SOLO CREER! Fueron sorprendidos, asombrados, maravillados y estaban ahí en temor reverencial y admiración del poder de Dios que estaba en exhibición en la vida de Jesús.

Es interesante notar que habían dudado de que Él pudiera levantar a la muchacha. Esta es la razón por la que estaban tan asombrados. Este milagro fue un ejercicio de entrenamiento en como CREER. Fue un recordatorio de que los discípulos estaban relacionados a la Fuente de la Vida. Jesús entendía Su poder y autoridad y simplemente la utilizaba. Él desea que hagamos lo mismo.

Qué necesita ser levantado en tu vida? Es tu salud? Es una relación muerta? Necesitas la resurrección de tu propósito y tu visión? Cómo anda tu nivel de autoridad?

Éste mismo Jesús, quien tiene todo poder y autoridad en Sus manos, te lo ha entregado a ti. El poder que levantó a Jesús de la muerte está a tu disposición. Él vive en tí y te dará la misma capacidad de ser usado por Dios el Padre. Él es el Espíritu Santo quien envió Jesús para que viviera en cada creyente. Él nos ha dado el don de hablarle a las cosas muertas en nuestra vida y vivir el poder de la resurrección de Dios en nuestro medio.

Lo único que tienes que hacer es SÓLO CREER! Utiliza tu autoridad y ordena que brote la salud, que el cuerpo sea curado, que las relaciones rotas sean restauradas, y que Dios sea glorificado en tu vida. Dios te ha dado la misma autoridad que Él le dio a Su Hijo; no hay por qué dudar que Él te contestará y te dará los mismos resultados que le dio a Jesús. Él te ama y quiere que seas sano e íntegro en todas las áreas de tu vida. Levántate y sé sano en el nombre de Jesús.

Lecciones Que Debemos De Vivir

- En tu necesidad póstrate a los pies de Cristo.
- Aun cuando hay interrupciones en tu vida, tu milagro llegará.
- No te impacientes mientras esperas que obre Jesús.
- No dejes que te impida la frustración.

- Opera en fe y no en temor.
- Mantén la misma actitud de fe como cuando te acercaste a Jesús por primera vez.
- Elimina los que dudan y a los incrédulos de tu medio.
- Cree solamente en el informe de parte de Jesús.
- Entra al círculo cercano de Jesús para que seas testigo de cosas grandes y maravillosas.
- Cuando las situaciones aparentan estar muertas, SÓLO CREE.

Una Escritura Para La Sanidad - Juan 6:63

Padre, te doy las gracias que Tú dices en Juan 6:63 que el Espíritu Santo da vida y las palabras que me has hablado son del Espíritu y están llenas de vida. Gracias porque al aceptar Tu Palabra dentro de mi corazón, brotará y dará buen fruto en mi vida. Gracias por proporcionar una vía de escape en todas mis luchas, ya sean emocionales, físicas o espirituales. En el nombre de Jesús.

Amén.

Eres Tú Mi Sanador?

La Biblia nos dice que Jesucristo es el mismo ayer y hoy y por los siglos (Hebreos 13:8). Esto es recordatorio que Él puede hacer y hará cualquier cosa que hizo en el pasado. Cuando reconocemos lo potente que es Jesús y el poder que está disponible para nosotros, porque el Espíritu Santo vive en nosotros, seremos imparables en relación con ver a la gente ser sanados, entregados y liberados por el poder de Dios.

En uno de nuestros viajes de misión al extranjero, fuimos testigos del poder de Dios en operación en un hospital que estaba lleno de niños enfermos. Siempre es la práctica del Ministerio visitar hospitales y orar por los enfermos en cada viaje de misión que tomamos. Dios quiere sanar a los enfermos! Durante este viaje en particular, habríamos entregado un montón de regalos a los niños en el hospital pero debido a un problema con la aduana de no querer liberar nuestro vehículo que contenía todos los bienes, fue imposible llevar los obsequios a los niños en nuestra primera visita.

El día en que llegamos fue un día muy atareado dentro del hospital. La planta en el primer piso, que era la de los niños, estaba llena a rebosar con niños enfermos y todas las habitaciones que ubicaban de ocho a diez camas estaban llenos a capacidad. Los niños estaban en camas en el pasillo, incluso cerca de los elevadores. Al ver esto fue muy abrumador para nosotros. Después de dividir el equipo en grupos, empezamos a orar y a poner manos sobre los enfermos como nos instruye Marcos 16:18. Después de varias horas de oración, salimos del hospital.

Al acercamos a nuestra camioneta, claramente oí al Señor decir que iba a curar a todos los niños y enviarlos a casa dentro de una semana. Como un acto de fe, le dije al equipo lo que Dios me había dicho, y nos pusimos en oración en un sólo acuerdo que Él lo haría. Creo que Dios tiene el poder de vaciar cada hospital en el mundo de gente enferma y ésta es mi oración continuamente. Una semana después la aduana finalmente soltó nuestras mercancías y volvimos al hospital para dar los regalos a los niños.

Cuando entramos al hospital parecía que no estábamos en el lugar correcto. Los pasillos estaban completamente vacíos incluyendo el noventa y cinco por ciento de las habitaciones. Cada equipo fue a una zona donde previamente habían orado por los niños, y con asombro, nos reunimos nuevamente en la sala porque no había niños en las habitaciones. Vi un médico caminando por el pasillo y le pregunté qué había pasado con los niños que estaban en el hospital el viernes anterior. Nos dijo que todos se habían ido a casa durante la semana y sólo dos permanecían pero ellos también estaban listos para ser despedidos. Dios había hecho exactamente lo que Él había dicho, y esto nos causó asombro! Hombres de poca fe. El médico nos dijo que había nuevos pacientes así que oramos por ellos y les dimos sus regalitos y el restose los entregamos al hospital que habíamos traído con nosotros. Para responder a la pregunta, "Eres Mi Sanador?"; "Sin duda Dios es nuestro sanador."

El milagro que Jesús hizo en el hospital ha sido una guía y un plan de trabajo para mí con respecto a cómo Dios quiere sanar y liberar a la gente. El dolor emocional que viene con la carga de una enfermedad, especialmente en países donde la gente no puede ir a un médico, puede ser insoportable para ellos. No sólo hacemos oración por los niños, también orarnos por y ministramos a sus familiares. Creo que a menudo vemos muchas sanidades y milagros realizados en el extranjero porque la gente sólo depende de Dios. Verdaderamente ponen su fe en Él como su Sanador. Recuerda, te dije que Él es nuestro Gran Médico y una y otra vez ha demostrado esto a nosotros.

Al leer Mateo, Marcos, Lucas y Juan, experimentarás el poder sanador de Dios a través de Jesús mientras caminaba en la tierra. Juan 14:12 nos dice que nosotros haremos obras mayores, porque Él va estar con Su Padre. Por muchos años me he preguntado cómo es que podemos hacer obras mayores que las de Jesús. Él sanó al enfermo, limpió al leproso, liberó al endemoniado, y levantó a los muertos. He llegado a algunas conclusiones que compartiré contigo.

Tenemos el mismo poder de la resurrección del Espíritu Santo viviendo dentro de nosotros. Él es el mismo Poder quien levantó a Jesús de la muerte; por lo tanto, estamos equipados con todo lo necesario para hacer las obras que Él hizo. Además, mientras Jesús estuvo aquí, Él no tuvo los beneficios de la televisión, radio, correo electrónico, texto, etc. que están disponibles para nosotros hoy en día para que podamos anunciar las buenas nuevas.

Jesús caminó o viajó montado sobre un burro; por lo cual, Él no podía cubrir un territorio grande. Hoy, tenemos muchos medios de transportación que nos permite llevar el evangelio mundialmente a mucha gente difícil de alcanzar. A partir de la escritura de este libro, la estadística actual es que hay aproximadamente setenta y dos mil grupos de personas que no han sido alcanzados (2.87 billones de personas) en el mundo que necesitan escuchar el evangelio de nuestro Señor Jesucristo. En Mateo 24:14, Jesús nos dijo que volvería cuando el evangelio ha sido compartido con todas las personas. Nos ha dado las herramientas para llegar al mundo y el mayor trabajo ha comenzado. Es nuestra responsabilidad de pedirle a Dios cómo nos puede usar para afectar cambios en la vida de las personas que están en nuestras comunidades y en todo el mundo. Nuestro deseo debe de ser obedecer y seguir el ejemplo de Jesús.

Una de las cosas que me encanta de Jesús es Su compasión en cómo trata con quienes están en diversas luchas de la vida. Él es compasivo y cariñoso, tanto si las luchas son emocionales, físicas o relacionales. Estés donde estés en tu vida, Él vendrá a rescatarte. Con los años he tenido el privilegio de ministrarle a personas con enfermedades en sus cuerpos y ver algunos milagros impresionantes. En otras ocasiones he ministrado a personas quienes están en luchas emocionales y mentales y también experimentaron el poder sanador del Salvador. En estecapítulo quiero compartir algunos de los milagros más maravillosos, emocionales y físicos, que he visto mientras les contesto la pregunta, "Eres Tu Mi Sanador?"

Libertad de los Oprimidos

Cuando no estoy presentando un mensaje o ejecutando las funciones diarias del ministerio, a menudo estoy dando consejo o ministrando individualmente con personas quienes están pasando por una etapa difícil. Utilizando un programa llamado "Sozo"; seguido he podido cerrar puertas que se han abierto al enemigo en las vidas de muchos. Algunas veces la gente abre puertas que dan cabida al enemigo y no están plenamente conscientes de lo que han hecho. Pero hay otras veces cuando la gente abre algunas puertas espirituales peligrosas porque piensan que obtener más conocimiento es divertido. Como resultado de estas decisiones, hemos llevado muchas personas a través de sesiones de liberación y sanidad interno. He visto, frente a mis ojos como en una pantalla, la bondad y el amor de Dios mientras entrega liberación y sanidad a las personas.

Durante una sesión de liberación, conocí a una joven que estaba pasando por una batalla mental y emocional muy profunda. Abrió una puerta al enemigo sin darse cuenta y estaba caminando hacia una trampa diseñada por el enemigo para su caída. Ella y una amiga fueron invitadas por un forastero para tener sus palmas leídas. Ella entró en la sesión de esta leída y salió totalmente cambiada. Tengo entendido que antes de este encuentro, esta joven era muy inteligente, tenía buenas calificaciones y estaba tomando cursos de universidad. Al salir de la leída, no recordaba lo que había sucedido y era incapaz de funcionar como ella misma, una chica normal de la edad de diez y ocho años. Pasó muchos días en el hospital y perdió una gran cantidad de peso. Además comenzó a actuar como si tuviera la edad de diez años y no pudo continuar con la escuela. Necesitaba ayuda de su familia a diario para poder funcionar.

Cuando ella entró en la sesión de liberación, no podía expresar lo que le había sucedido así que era difícil llegar a la raíz de cuáles puertas estaban abiertas al enemigo. Confiando únicamente en el poder del Espíritu Santo y Su orientación, mi equipo y yo hicimos algunas oraciones diseñadas para su liberación. Estoy sumamente agradecida al Señor por Su sabiduría en cómo nos llevó paso a paso por las muchas puertas que el enemigo había utilizado para obtener acceso a su vida. Después de mucha oración, ordené a los espíritus que salieran y se fueran a donde Jesús los envía (Lucas 8:31). Entonces le pedí a la joven que orara usando la autoridad que Jesús le dio para renunciar al diablo y para desalojar a los espíritus malos de su vida. Operando en el poder y la autoridad que tenemos en el nombre de Jesús, hicimos batalla por su libertad. Soy la primera al admitir que la condición de esta joven parecía ser sin esperanza y yo no estaba segura cual sería el resultado final aunque conozco lo que Jesús puede hacer.

Terminamos la sesión unas horas más tarde, y su madre la llevó a casa.

Unos meses después volví a la ciudad donde se encontraba la joven para ministrar en una iglesia. Durante la hora de los saludos, esta joven hermosa vino y me dio un abrazo. Si su madre no había estado de pie directamente detrás de ella, yo no la habría reconocido! Jesús le sanó! Estaba alerta, radiante de energía y plenamente consciente de quién era y dónde estaba. La mortandad que había en sus ojos había sido reemplazada con la luz resplandeciente de Jesús brillando a través de ella. Maravilloso! Después del servicio escuché el resultado de la labor transformadora que Dios había hecho en los meses anteriores. Ella estaba en la escuela y se estaba preparando para graduarse con calificaciones de alto nivel. También se preparaba para inscribirse en la escuela de enfermería.

Dios había hecho lo que Él sólo puede hacer. Él entró en la oscuridad impenetrable de su mente y la liberó de la esclavitud del enemigo. Ella había estado perdida emocionalmente y mentalmente e incapaz de funcionar pero Dios la liberó totalmente. Servimos a un Dios impresionante. Aun hoy en día me asombro por Su poder transformador.

Es Él tu Sanador? Tu respuesta debe ser SÍ. Piensa en todo el equipaje emocional que tú le has entregado a Dios y siempre ten en mente que si Él lo tomó y te dio tu libertad anteriormente, lo hará otra vez. Muchos de ustedes pueden compartir testimonios de cómo Dios entró a la oscuridad de sus vidas y trajo la luz de Su gloria en sus corazones. Cuando nadie podía rescatarte, Dios lo hizo. Cuando la situación parecía no tener esperanza, Él demostró que nada es imposible y sin esperanza para quienes se entregan a Él. Algunos de ustedes pensaban que siempre vivirían en temor, pero Él borró la angustia del pasado y les entregó una nueva vida llena de oportunidad. Me recuerda dos escrituras. Juan 8:36 dice si el Hijo los hace libres, ustedes serán verdaderamente libres y 2 Corintios 5:17 dice, "Por lo tanto, él que está unido a Cristo es una nueva persona. Las cosas viejas pasaron; se convirtieron en algo nuevo." Eres una nueva persona porque ha borrado tu pasado y te ha dado un nuevo comienzo. No permitas que las personas de tu pasado y el diablo te enreden otra vez en la esclavitud.

Mi equipo y yo hemos visto el poder milagroso de Dios obrando en muchas vidas. También nos hemos encontrado con la fuerza encarceladora del enemigo cuando Dios comienza a dar libertad a Su gente. En otra sesión de liberación, descubrimos que el enemigo puede ser tenaz en su control en la mente de una persona. Mientras orábamos al Señor buscando la liberación de la joven en esta sesión, el enemigo nos dijo que nos iba cansar hasta que nos diéramos por vencidas porque no la iba soltar. Dijo que ella le había dado permiso para entrar en su vida y nosotros no lo íbamos a expulsar. Tardamos un rato pero con la ayuda del Espíritu Santo y el poder de Jesús, él fue expulsado y se fue con todo su equipaje.

En una ocasión durante otra sesión, antes de terminar, la persona conduciendo la liberación sintió que había otros espíritus quienes no querían ser identificados. Ellos estaban ocultados dentro de la persona. La conductora nos pidió que oráramos por sabiduría y dirección; mientras orábamos Dios nos dio la respuesta. Cuando ella llamó a los espíritus sordos y mudos, la persona, cuya cabeza colgaba hacia abajo al instante se levantó con una mirada sorprendida en el rostro. La mirada decía "¿Cómo supiste?" Es evidente que los espíritus estaban sorprendidos porque habían sido descubiertos. El líder del equipo respondió que el Señor siempre revela al enemigo y libera fielmente a Sus hijos.

A menudo las batallas emocionales que enfrentamos son traumáticas y devastadoras. Pueden causar una desventaja en nuestra vida porque muchas veces no las enfrentamos con las personas más cercanas a nosotros. En estas sesiones he encontrado muchas personas quienes han vivido unas experiencias horribles durante su niñez y les han dejado unas cargas emocionales tremendas.

Muchas personas no han recibido la sanidad que necesitan porque no tienen con quien compartir su dolor y sus luchas y las siguen cargando día tras día y aun por muchos años.

Jesús murió no sólo para liberarnos de las luchas físicas sino también para liberarnos de las heridas emocionales. Él nos ha dado una vía de escape y debemos buscarlo para recibir nuestra sanidad. Tan importante como es la sanidad en nuestros cuerpos, es igual o más importante que recibamos sanidad en nuestras mentes y en nuestras emociones. Si no experimentamos sanidad en estas áreas, podemos sabotear nuestra sanidad física, por lo que pensamos y declaramos sobre nosotros mismos.

Hospicio Para Sanidad

No puedo concluir este libro sin antes compartir un milagro maravilloso que obró Jesús en una mujer quien hubiera muerto sin Su intervención. Estaba ministrando en una ciudad en Texas y después del primer servicio, me pidieron que orara por una mujer quien estaba batallando para respirar y no podía estar en pie por mucho tiempo. Al acercarme hacia ella me di cuenta que era un miembro fiel de la iglesia quien recientemente había recibido un diagnostico de cáncer. El médico le dijo que ella había desarrollado cáncer por causa de haber estado expuesta al asbesto y la enfermedad estaba avanzada. Al poner mis manos sobre de ella mientras oraba, el Señor susurró en mi oído Salmo 118:17. Dice, "No he de morir; he de vivir para proclamar las maravillas del Señor."

Al siguiente mes de nuevo estuve ministrando en esa ciudad. La mujer no pudo asistir porque se había deteriorado rápidamente. Los médicos sentían que la quimioterapia no ayudaría su condición, por lo que no le dieron ninguna esperanza. Después del servicio fuimos a su casa a orar con ella. Antes de bajarme del coche, el Espíritu Santo me impulsó a tomar la Biblia y a buscar y orar cada escritura de sanidad que pude recordar sobre ella.

Tomamos su Biblia y subrayamos las escrituras poniendo su nombre en cada una de las promesas para recibir sanidad. Mi intención fue que ella leyera y orara la palabra sobre ella misma. Mientras preparaba poner en sus manos la Biblia, el Espíritu Santo me dijo, "Ella no tiene las fuerzas para sostener la Biblia. Encuéntrale una grabación de sanidad para que pueda escuchar la Palabra".

Fuimos a la tienda pero no encontramos ninguno. Dios puso en mí un sentir tan fuerte que Él no quería que me fuera de la ciudad sin antes entregarle una grabación de sanidad. Le pedí a Dios que me dijera que hacer, ya que no había encontrado ninguno. Su respuesta fue muy sencilla, "Grábalo tú." Es increíble cómo el Espíritu Santo nos instruye de una manera tan clara y sencilla. Antes de que Él me dijera que grabara un CD, jamás se me había ocurrido hacerlo.

Encontré sesenta promesas sobre sanidad en la Palabra, grabé las escrituras y le añadí música. Mientras terminaba la grabación, el Espíritu Santo me recordó de otra señora quien estaba en el hospital desde varias semanas atrás sufriendo de lupus. Me dijo que le enviara el CD. Después de una semana de escuchar el CD, esta señora salió del hospital y se encontraba mejor de salud.

Pasaron unos meses y me encontré en la ciudad de nuevo. La mujer con cáncer se presentó al servicio pero ahora se encontraba en una silla de ruedas. Había perdido una cantidad significante de peso y estaba extremadamente frágil e incapaz de realizar incluso sus necesidades básicas. Otra vez, oré por ella y Dios reiteró Salmo 118:17.

Unas semanas después de este viaje, recibí una llamada informándome que su condición había deteriorado aun más y el médico había recomendado que la pusieran en un hospicio durante los días que le restaban. Me enojé con el diablo! Oré y le recordé a Dios de Sus promesas en Su Palabra y las promesas que Él le había dado. También le recordé como su familia y su familia de la iglesia estarían desolados con la muerte de esta mujer. Su iglesia, su familia y mi equipo nos unimos en oración constante pidiendo la intervención de Dios. Me negué a aceptar que ella iba a morir porque Dios no es un hombre y Él no puede mentir. Lo que Él ha prometido, Él es fiel para llevar a cabo (Números 23:19-20). También no quise darme una vía de escape. A veces intentamos darnos una salida cuando no recibimos las cosas por las cuales nos estamos parando firme en la fe. Hacemos declaraciones como estas, "Tal vez no escuché a Dios claramente. Tal vez me equivoqué. Tal vez le di falsa esperanza." Cuando las cosas no funcionan como esperamos, algunos encontramos razones y excusas del por qué no sucedieron. Yo creí haber escuchado a Dios e hice una demanda sobre las promesas de Su Palabra.

Dios no necesita que demos excusas de Su parte o justifiquemos el por qué no realizó el milagro. Él hará lo que Él dice. Si el resultado es diferente de lo que creemos, entonces debemos entender que Sus caminos están muy por encima de los nuestros y debemos confiar en Su decisión.

En oración declaré que la mujer no tendría que entrar al hospicio y que Dios le daría sanidad y liberación. Después de un mes no recibí ninguna noticia del hospicio por lo cual continué confiando en la promesa de Dios. Regresé a la cuidad después de un par de meses para ministrar. La primera noche mientras estaba en la iglesia, entró la mujer caminando y moviéndose rápidamente. Ya no estaba en silla de ruedas y estaba sana por el poder de Jesús!

Esto causó que me detuviera en mi camino y e asombro total, le llamé por su nombre. No podía creer lo que vi. Mi equipo y yo estábamos rebozando de alegría al ver lo que Dios había hecho y al ver tal demostración de Su poder y Su fidelidad. Los miembros de su iglesia me no me habían actualizado sobre su recuperación porque querían que yo viera los resultados por mí misma. Estaba tan contenta que me dejaron verlo con mis propios ojos porque era necesario presenciarlo por mí misma. Cuando salí de la ciudad la señora estaba en el boliche con su Grupo Pequeño de Hogar disfrutando de la vida. Dios, ahora mismo, continúa obrando en la finalización de su sanidad.

Dios es nuestro sanador! No siempre entendemos a quién y cuándo va sanar pero debemos de confiar en Su Palabra y ser obedientes a Su Palabra hasta que veamos los resultados. No puedo expresar el temor reverencial que siento al ver la gracia sublime de Dios y Su poder. Ruego que tú también puedas experimentar Sus milagros y maravillas de una manera profunda en tu vida.

Conservando Tu Sanidad

Después de Su resurrección y justo antes de que Jesús ascendió al cielo de la tierra, Él les dio a los discípulos la comisión que se encuentra en el libro de Marcos.

Y les dijo: Id por todo el mundo y predicad el evangelio a toda criatura. El que creyere y fuere bautizado, será salvo; mas el que no creyere, será condenado. Y estas señales seguirán a los que creen: En mi nombre echarán fuera demonios; hablarán nuevas lenguas; tomarán en las manos serpientes, y si bebieren cosa mortífera, no les hará daño; sobre los enfermos pondrán sus manos, y sanarán.
Marcos 16:15-18 (RVR1960)

En esta escritura hay un mensaje significante que Jesús enseñó y que creo es una de las claves mayores para que una persona mantenga su sanidad y libertad en Cristo. Lo primero que vemos en la comisión es que le dijo a los discípulos que expulsaran demonios. Creo que es importante, porque si no son expulsados los espíritus demoníacos, entonces las personas no pueden conservar su sanidad. Los espíritus demoniacos tienen que ser expulsados en el nombre de Jesús para que la gente pueda experimentar la liberación del control del enemigo y su tormento habitual de sus mentes y sus emociones. Muchas veces estamos plagando nuestras mentes con varios escenarios de lo que podría salir mal en nuestro cuerpo antes de tener síntomas. Nuestras mentes proyectan las imágenes falsas de las mentiras del diablo antes de que se manifiesten en lo natural. El control de Satanás en nuestras mentes puede ser tan profundo que tenemos que luchar con fuerza para liberarnos. Jesús nos dice que si le echamos fuera y rompemos su dominio, podremos mantener la libertad que Él nos da.

Piensa en las cosas que han controlado tu vida. Puedes ver que muchas de esas cosas primeramente tomaron lugar en tu su mente? Los pensamientos eran tan acosadores que eventualmente comenzaste a creerles y actuar como si fueran reales. Las heridas en nuestros corazones y el dolor del pasado dejan la misma impresión de no poder liberarnos de las cosas que nos atan. Jesús quiere que sepas que la libertad está dispuesta por medio del poder del Espíritu Santo quien vive en ti.

Con los años he llegado a ver algo con claridad. Tan maravilloso como es la medicina moderna y tan útil como los médicos pueden aliviar nuestro dolor físico, no tienen la capacidad de sanar el cuerpo. Lo que hacen los médicos es cortar la enfermedad para que puedan crecer los tejidos saludables. Pueden eliminar las células cancerosas y los tejidos dañados, pero no pueden reparar el cuerpo, sólo Dios puede hacerlo. Una vez que han hecho la cirugía, suturan la herida y nos envían a casa para sanar. No ayudan en el proceso de curación pero nos pueden dar medicina para el dolor mientras nos curamos. Dios repara los tejidos rotos y cura las heridas con el tiempo. Nuestro Gran Médico es el único que puede causar el desarrollo de nuevos tejidos y crecimiento en nuestros cuerpos.

Lo mismo se aplica a nuestras cicatrices emocionales. Sólo Dios puede sanarlas. Él tiene el poder para entrar en los lugares quebrantados en nuestros corazones y limpiar la suciedad que se incrusta en nuestras almas. Tal vez jamás sepamos cómo lo hace, pero muchos de nosotros hemos experimentado la libertad de traumas emocionales.

Constantemente me recuerda cuánto necesitamos a Dios. Sin Él la vida sería insoportable. Al concluir este libro, te invito a preguntarte si Él es tu Sanador y luego responder a la pregunta. Reflexiona sobre los muchos lugares en tu vida que Dios ha traído Su poder curativo. Recuerda las ocasiones en que te encontrabas herido, asustado y solo, y luego ve hasta dónde has llegado en tu jornada con la ayuda de Dios y Su poder sanadora. A lo largo de este libro he compartido muchas historias Bíblicas de vidas que fueron tocadas, sanadas y transformadas por el poder de Jesús y el toque sanador del Espíritu Santo. En cada una de estas historias tu viste que Dios amaba a estas personas como Él te ama a tí, y tu puedes reclamar cualquiera de esas sanidades por ti mismo. El mismo Dios que sanó, echó fuera espíritus malignos y dio libertad hará lo mismo para ti.

Si estas herido en tu alma, pídele a Jesús que venga a sanar las heridas y darte un nuevo comienzo. Él tiene la capacidad para darte un nuevo impulso en la vida. Para que experimentes esta nueva vida, tienes que dejar ir las cosas en tu pasado que han dejado cicatrices y quebrantos. Debes perdonar a quienes te ofenden para que puedas experimentar libertad. Perdón no es para quienes te ofenden; es para ti, para que seas libre del dolor y de la amargura, las cuales son trampas del enemigo.

He compartido este ejemplo durante muchos años cuando ministro la Palabra. Alguna vez has tenido una cicatriz en tu cuerpo que parece ser sana? Pudiste ver la cicatriz y recordar cómo la obtuviste. Todo parecía bien durante los años hasta que alguien dijo algo o hizo algo o, sin querer, presionó contra la cicatriz y para tu consternación, sentiste dolor y el malestar de lo que pensabas ya había sanado.

A veces no tratamos con la raíz del problema; sólo tratamos

con los síntomas. La raíz del problema todavía está allí, pero la medicación ha anulado los síntomas y nos engañamos creyendo que hemos recibido curación. Tú y yo nunca experimentaremos la alegría de ser totalmente libre si no desenterramos la raíz del problema y tratamos con ella, capa por capa, hasta que recibamos liberación.

Hace poco me inspiré para recoger una planta que parecía estar muerta en la superficie y ver de cerca si aun había vida en ella. Sentí un impulso de parte del Espíritu Santo y le di vuelta a la mata para mirar al fondo de la maceta donde se encontraba. Para mi sorpresa había raíces creciendo en todas direcciones, lo que significaba que la mata no estaba muerta. Sólo necesitaba ser alimentada.

A veces creemos que nuestra sanidad no se ha manifestado porque no vemos de cerca para ver si realmente ha tomado lugar. Al igual que la planta parece que está muerta en la superficie, pero hay aún vida debajo. Les animo a que no cubran las cuestiones en sus vidas. Pídanle a Jesús que les ayude a desenterrar las raíces dolorosas de una por una, con la ayuda del Espíritu Santo hasta que estén verdaderamente libres. Jesús quiere que seas libre en todos los ámbitos de tu vida y de esta manera Él puede mostrar Su vida y Su poder a través de ti. Tú debes elegir ser un reflejo real al mundo que Él es el Único quien puede sanarte y hacerte íntegro.

Lecciones Que Debemos de Vivir

- Jesús tiene el poder para sanarte y hacerte libre.
- Cuando Jesús habla palabra a tu corazón, escoge creerla y aférrate a ella.
- Dios sigue siendo el Obrador de Milagros y sigue realizándolos hoy en día.
- Para cada herida en tu vida, existe una promesa de sanidad en la Palabra.

- El mismo Jesús quien sanó a otros, también te sanará a ti. No hace acepción de personas.
- Persigue las raíces de los problemas en tu vida y no pares hasta que estén completamente arraigadas hacia fuera.
- Recuerda que hay poder en el nombre de Jesús.
- Finalmente, Dios tiene poder para sanarte y Él siempre está disponible cuando se lo pides.

Una Escritura Para La Sanidad – Isaías 53:4-5

Padre, en el nombre de Jesús, Te doy las gracias por lo prometido en Isaías que Jesús llevó mis enfermedades y sufrió mis dolores. También te doy las gracias que Él, herido fue por mis rebeliones, molido por mis pecados; el castigo de mi paz fue sobre Él, y por Su llaga fui curado. Hoy, como un acto de Su voluntad, yo recibo Su sacrificio. Estoy decidido a caminar completamente en mi sanidad, en el nombre de Jesús.

Amén.

Amado!

A mado, Sabes que tan profundo son mis pensamientos hacia ti? Quiero, espero y deseo, sobre todas las cosas, que tu vida pueda estar llena a rebosar con buena salud. Mi deseo es que prosperes en tu cuerpo, emociones, alma, hogar, familia y en cada aspecto de tu vida.

Estoy contigo en tus luchas. Nunca he quitado mis ojos de encima de ti. Yo he llorado contigo. Yo te he mantenido en tu dolor y en tu quebrantamiento. Yo te he consolado en tu enfermedad. Te traje la esperanza cuando estabas sin esperanza. Cuando se llevaron a cabo las pequeñas cosas que levantaron tu espíritu, Yo las envié.

No soy él que trajo la enfermedad, devastación, heridas emocionales o problemas en tu vida. Fueron enviados por el malvado, el acusador de los hermanos, para destruir, sin embargo, Yo he causado que permanecieras. Lo que él quizo para el mal en tu vida, Yo lo convertiré en tus mejores momentos de triunfo.

Vengan a mi todos los que están cansados, sin esperanza, desalentados, angustiados, quebrantados, preocupados, o avergonzados. No seré una carga para ustedes. Yo les daré descanso. Yo levantaré el peso de sus hombros y los llenaré de mi paz.

Amado, siempre estoy contigo y jamás te dejaré o te desampararé. Tú eres mi amado. Eres la niña de mis ojos. Yo te formé de una manera formidable y maravillosa. Yo te grabé en las palmas de mis manos, cerca de las cicatrices que obtuve por tu causa, y nadie puede arrancarte de mis manos.

Te amo mi querido. Así que en medio de tus luchas, no olvides que estoy contigo y te libraré de todas ellas. Esta es mi promesa, y es tan segura como el amanecer.

Desde el corazón del Padre.

Una Oración Para Salvación

Padre, reconozco que enviaste a Jesús al mundo para que muriera por mis pecados. Creo que Él es Tu Hijo; que nació de una virgen, y que murió y resucitó de la muerte por mis pecados. Reconozco que he pecado y no estoy a la altura de Tus normas de conducta, y Te pido que me perdones. Invito a Jesús que entre en mi corazón porque la Biblia dice que Él es el camino, la verdad y la vida, y nadie puede ir al Padre si no es por medio de Él. Padre, vengo a ti en el nombre precioso de Tu Hijo, Jesús. Te doy las gracias por salvarme y por darme libertad, en le nombre de Jesús.

Amén! (Así sea).

Notas

Zondervan Bible Commentary
  FF Bruce, General Edition
  (Grandrapids, MI)

Vine's Expository Dictionary
  Edited by Stephen D. Renn
  Hendrickson Publishers Marketing LLC

Otros Libros Escritos Por La Autora

———

Boldness In Christ
(Audacia En Cristo)
Called and Chosen for Destiny
(Llamado Y Escojido Para Un Destino)
Faith That Conquers
(Fe Que Conquista)
Freedom In The Son
(Libertad En El Hijo)
Hope In Difficult Seasons
(Esperanza En Epocas Difíciles)
Overcoming Loneliness and Aloneness
(Superando La Soledad y La Solitud)
Reconnect
(Reencuentro)
Show Me How To Love
(Enséñame Cómo Amar)
Time In Life's Waiting Room

(Tiempo En La Sala De Espera De La Vida)
Winning In The Battles Of Life
(Ganando En Las Batallas De La Vida)
Worship, Our Deepest Need
(Adoración, Nuestra Más Profunda Necesidad)

Acerca del Autor

Joan Murray está totalmente comprometida a ayudar a las personas a descubrir su destino. Ella es la fundadora y CEO de Joan Murray Ministries (El Ministerio de Joan Murray) y Seeds of Hope Worldwide Missions (Semillas de Esperanza Misiones en Todo el Mundo). Joan se dedica a enseñar, entrenar, equipar y ayudar a las personas que se encuentran en diversas luchas de la vida.

Joan es un ministro, oradora, autora y misionera. Ella ha viajado extensamente a lo largo de los Estados Unidos e internacionalmente sirviendo la necesidad del los oprimidos. Joan actualmente reside en Houston, Texas.

Si desea saber más acerca de Joan Murray Ministries (El Ministerio de Joan Murray) o Seeds of Hope Worldwide Missions (Semillas de Esperanza Misiones en Todo el Mundo), por favor póngase en contacto con:

Joan Murray Ministries & Seeds Of Hope Worldwide Missions
26340 FM 1736
Waller, TX 77848
281-398-2501
email: jmmcontactus@gmail.com
website: www.jemmuniquegift.com
website: www.joanmurrayministries.org

Changing Lives Through the Power and Truth of God's Word.

Cambiando Vidas A Través
DEL PODER Y LA VERDAD DE LA PALABRA DE DIOS

———

Señor, Hazme Íntegro es una narrativa inspiradora revelando los muchos poderes curativos de Jesucristo. Joan Murray transmite historias emocionalmente potentes compartiendo el amor de Dios y las maneras que Jesús ha sanado milagrosamente a las personas. Su estilo de escritura es conmovedor y lleno de ejemplos poderosos de transformación para animarte a cavar profundamente en tu espíritu para entender la naturaleza de Dios.

Joan alaba el amor excepcional de Dios así como los milagros que Jesús realizó. Ella incluye historias memorables y clásicas para ilustrar la sanidad dinámica que Dios es capaz de lograr. A través de estas historias se renovará tu mente y estarás motivado a servir a Dios con un énfasis más fuerte. Aprenderás lecciones valiosas a través de la presentación sencilla de historias Bíblicas que Joan ofrece, comprenderás como aplicar temas de la Biblia en tu vida diaria y, por último, lograrás el poder de vencer diariamente tus luchas.

Con escrituras de sanidad y lecciones que debemos de vivir y con un tono alentador que Joan inspira con una fe fuerte, tendrás las herramientas necesarias para lograr paz espiritual, consuelo, conocimiento y confianza en Dios. Joan es una pastora apasionada en dar asistencia a las personas a descubrir su destino y ha escrito varios libros que ayudan en ese descubrimiento. También ha viajado extensivamente para ministrar a aquellos en necesidad y es fundadora de "Joan Murray Ministries" (El Ministerio de Joan Murray) y "Seeds of Hope Worldwide Missions" (Semillas de Esperanza Misiones en Todo el Mundo).

SEÑOR, HAZME ÍNTEGRO
SANIDAD POR DENTRO Y POR FUERA
JOAN E. MURRAY